LÖWEN

vmb
PUBLISHERS

Text und Fotografien
Christine und Michel Denis-Huot

Geschichtliche Einführung
Gianni Guadalupi

Herausgeber
Valeria Manferto De Fabianis

Grafische Gestaltung
Patrizia Balocco Lovisetti

INHALT

1
Nach der Mittagsruhe sucht das vier bis fünf Monate alte Löwenjunge bei der Mutter nach Zärtlichkeiten.

2–3
Die kühlen Abendstunden ermöglichen es dem Löwen, wieder zu Kräften zu kommen. In der Nacht kann das Tier sogar zehn Kilometer zurücklegen, um eine Beute zu ergreifen, während es tagsüber bereits nach wenigen hundert Metern erschöpft ist.

4–5
Die Löwin des Rudels von Bila Shaka hat sich auf einem Baumstamm nahe des Sumpfes einen Platz ausgesucht, von dem sie problemlos das ganze umliegende Gebiet beobachten kann.

6
Ein Detail eines im Grab des Pharao Tutankhamon gefundenen Totenbettes zeigt Méhet, die Göttin der Zerstörung, die nach der Religion der alten Ägypter über die Gebeine wachte.

7
Eine Löwin beobachtet aufmerksam eines der Männchen, das sich gerade nähert, um ihr die Beute zu stehlen.

vmb PUBLISHERS

VMB Publishers®
ist eine eingetragene Marke von Edizioni White Star s.r.l.

Via M. Germano, 10
13100 Vercelli – Italien
www.whitestar.it

ISBN 978-88-540-1672-9
1 2 3 4 5 6   15 14 13 12 11

Übersetzung:
Marlena Maciejkowicz

Gedruckt in China

8
Die Mähne verleiht dem Löwen ein majestätisches Aussehen.

9
Es ist Zeit, zur Jagd aufzubrechen! Das Rudel verabschiedet sich gähnend.

10–11
Nach dem Spielen mit seinen Kameraden hat dieses Löwenjunge eine bequeme Position gefunden, um sich zu erholen.

Vorwort

Der Löwe stellt für uns schon seit jeher den König der Tiere dar. Wie alle Katzenarten strahlt auch er einen besonderen Zauber aus, und die Legende dieses faszinierenden Lebewesens wuchs mit der Zeit durch Fabeln und Erzählungen. Der Löwe lebte schon im prähistorischen Europa, und das in den Höhlenmalereien zu sehende Raubtier war ein Zeitgenosse der Neandertaler. Als Kraftsymbol ist der Löwe bekannt für seine glänzende Mähne, sein majestätisches Aussehen, die großen bernsteinfarbenen Augen und das mächtige und erschreckende Brüllen.
Die Häufigkeit seiner Paarungen ist wohlbekannt – und vor allem notwendig, wenn das Raubtier sich Nachkommenschaft sichern will.
Der Löwe ist im Wesentlichen ein Nachttier, und wer ihn beobachtet, dem erscheint er oft als ein großer Faulenzer – aber gäbe es überhaupt ein Motiv für ihn, sich dynamischer zu verhalten? Während er über die Savanne dominiert, beobachtet der Löwe gleichgültig die anderen Tierarten um sich herum – alles mögliche Beute. Er fürchtet keine anderen Jäger… ausgenommen den Menschen, der ihn über Jahrhunderte verfolgte. Heutzutage überleben die Löwenbevölkerungen nur in Reservaten und den großen Parks des östlichen Afrikas.
Der Löwe ist die einzige Katze, die in Gemeinschaft zusammenlebt; die Aufgabenverteilung im Gruppeninneren ist nach Geschlechtern aufgeteilt. Die Männchen kämpfen untereinander um die Vorherrschaft über eine Weibchengruppe und ein Revier. Letzteres müssen sie dann oft gegen Rivalen, die über kein eigenes Harem verfügen, verteidigen. Den Weibchen fällt die Aufzucht der Jungen und das Jagen zu. Somit bleibt also den Männchen nichts anderes zu tun, als sich bedienen zu lassen.
Trotz seines königlichen Aussehens ist der Löwe auch ein Steppenräuber, ein kleiner Dieb, gleich einem Schakal! Solange das Rudel Nahrung im Überfluss hat, läuft alles glatt; aber sollte es daran mangeln, so fressen nur die Stärksten. Dann kümmert es die Großen auch wenig, wenn die Löwenjungen nichts zwischen die Zähne bekommen.
Wie dem auch sei: das Leben als Pascha dauert nicht für immer an. Während die sich gegenseitig helfenden Löwinnen im Allgemeinen lebenslang vereint bleiben, so warten für das Männchen ständig stärkere Löwen „im Hinterhalt“, um „seine Majestät“ zu vertreiben; das Männchen wird auf diese Weise gezwungen, ein hartes Nomadenleben zu beginnen.
Die Welt der Löwen ist komplex, doch die immer eingehenderen Forschungen erlauben uns, sie besser kennen zu lernen. Wir wünschen uns, dass die Forscher weiterhin diese Lebewesen in großer Anzahl und in freier Wildbahn beobachten können…

Geschichte(n)

12–13
Die Löwenjagd war ein Vorrecht der Könige. Assurnasirpal (885–859 v. Chr.) ist dabei, die Bestie zu durchbohren, die seinen Wagen verfolgt. Dieses Basrelief stammt aus seinem Palast von Nimrod in Mesopotamien.

14 oben
Umgeben von seinen vier bevorzugten Bestien empfing der abessinische Negus Theodor im Jahre 1862 die Reisenden.

14 unten
In Babylon war die „Prozessionsstraße" zu den Zeiten von Nabucodonosor II (605–562 v. Chr.) gesäumt von Emaillefliesen, auf denen Tiere – darunter auch einige brüllende Löwen – dargestellt waren.

15
Dieser Kopf aus Silber, Lapislazuli und Muschel stammt aus dem Grab von Puabi in Ur (im heutigen Irak, zirka 2650–2550 v. Chr.). Er wird im Museum of Archaeology and Anthropology der University of Pennsylvania verwahrt.

Ende des Jahres 1862 begab sich Herr Guillaume Lejean, Gesandter der französischen Regierung, von der mörderischen, glühenden Gegend des Hafens von Massaua im Roten Meer auf zu den kühlsten Anhöhen der abessinischen Hochebene. Er überbrachte die besten Empfehlungen seines Landes an den Negus Theodor, der das gewisse Maß theatralischen Auftretens besaß, von welchem eine königliche Gestalt grundsätzlich begleitet wird. Der Herrscher wünschte seinen Gast im Königshof von Gondar zu empfangen, wo er selber von vier Löwen umzingelt wurde, die wie Katzen zu seinen Füßen herumtollten. Es handelte sich um den König der Könige, den Löwen von Abessinien, dem es gelang, über seine tierischen Gleichgesinnten – die unbestrittenen Herrscher der Wälder und Savannen Afrikas – zu siegen und sie zu zähmen. Mit dieser zoologischen Zurschaustellung hatte der schwarze Monarch – vielleicht sogar ohne es zu merken – Jahrtausende königlicher Symbolik vereint und verherrlicht: gemeinsam mit dem Adler und dem fantastischen Drachen im Fernen Osten stellte der Löwe seit jeher Kraft, Macht und Erhabenheit dar. Der Aufstieg der königlichen Wildkatze von den Wäldern in die Paläste begann sehr früh, nämlich mit den ersten städtischen Zivilisationen. Die Türen von Ninive wurden bewacht von beflügelten Löwen mit menschlichem Antlitz sowie Stieren, die ebenfalls mit Flügeln ausgestattet waren.

16 oben
In einer Freskomalerei des Grabes von Inherkhau – unter Ramses III lebender „Zugführer des Herrschers der zwei Welten“ – wachen zwei majestätische Löwen über die aufgehende Sonne. Das Grab befindet sich in der Nekropole der Handwerker von Deir el-Medina.

16 Mitte
Diese Sphinx, die gerade einen Feind zerstampft, hat das Antlitz des Pharaos Amenhotep III (1382–1344 v. Chr.) und ist im Grab von Khaemhat eingemeißelt.

16 unten links
Nebneryu, der „Herrscher des Schreckens“ mit dem Löwenkopf, gehörte zu den Geistern, die die Verstorbenen im Totenreich empfingen. Hier ist ein bemaltes Basrelief im Grab des Prinzen Khaemuaset, Sohn des Pharaos Ramses III (1186–1154 v. Chr.) aus dem „Tal der Könige“ zu sehen.

In Ägypten liefen die Löwen im Krieg und während der Jagd mit Eleganz neben dem Wagen des Pharao her. In der Stadt Leontopolis, die den Löwen gewidmet wurde, hatten sie Eintritt in die Tempel, wo sie als Tierheilige angebetet wurden. Die Priester nährten die Großkatzen und erheiterten sie auch während ihrer Mahlzeiten mit Musik und Gesang. Außerdem waren aus Stein gemeißelte Löwenstatuen entlang der Alleen aufgereiht, die zu den Heiligtümern führten, um diese zu bewachen und zu schützen. Oft besaßen diese Statuen die Gestalt von Sphinxen (Menschenkopf mit Löwenkörper) und drückten damit die Einheit von Verstandesfähigkeit und körperlicher Kraft aus. Nach Berichten von Plutarch und Horapollo begann der Nilpegel zu steigen, als die Sonne sich im Sternbild des Löwen befand – gerade in diesem Augenblick wurde der Nutzen einer Überschwemmung sichtbar. Aus diesem Grund verzierte man die Röhrchen der Brunnen und der Leitungen mit den Glück verheißenden Löwenmäulern.

Das war ein Brauch, der sich von Ägypten über die ganze mediterrane Welt verbreitete und erklärt, warum noch heutzutage in den öffentlichen Pariser oder Mailänder Straßenbrunnen das Wasser aus dem Rachen eines Löwen sprudelt.

16-17
Die Sphinx – ein Löwe mit menschlichem Antlitz – ist eines der berühmtesten Symbole des pharaonischen Ägyptens. Dieses Exemplar in grauem Granit wurde in Tanis entdeckt und geht auf das Königreich von Amenemhat III (1842–1794 v. Chr.) zurück.

17 oben rechts
Die Löwengöttin Sekhmet, dargestellt in einem goldenen Anhänger aus dem Grab von Psusenne I (1045–994 v. Chr.) in Tanis.

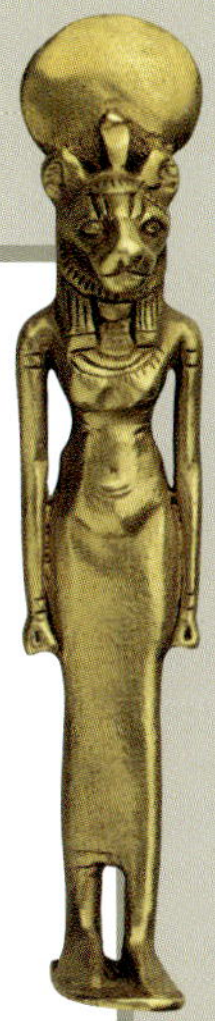

18
Diese eindrucksvolle Darstellung eines Löwen, der sich gerade auf seinen Gegner stürzt, ist im „Haus des goldenen Armreifs“ in Pompeji zu sehen.

19 oben
In einem wiederentdeckten Mosaik in der Villa del Casale, Piazza Armerina in Sizilien, wird an die großen Jagdexpeditionen in Afrika erinnert. Hier ist eine Löwin zu sehen, die trotz ihrer Verletzung den Jäger angreift.

19 unten links
Der römische Kaiser Commodus war überzeugt davon, die Reinkarnation von Herkules zu sein. Ebenso wie sein Vorbild stieg er mit einem Löwenfell bekleidet in den Zirkus, um den wilden Tieren entgegenzutreten.

Kybele, Muttergöttin der Fruchtbarkeit und Vegetation, die erst in Pessinunte, in Phrygien, und später in Griechenland und Rom angebetet wurde, wo sie einen prächtigen Tempel auf dem Palatin besaß, war dort auf ihrem Thron mit zwei zu ihrer Seite wachenden Löwen dargestellt. Sie konnte auch auf einer Kutsche, die ebenfalls von zwei Großkatzen gezogen wurde, abgebildet werden. Doch in Rom, der Hauptstadt des Imperiums, waren die Löwen nicht nur in Marmor gemeißelt, auf Wände der patrizischen Wohnorte aufgemalt oder als Mosaike auf den Fußböden dargestellt: Hier lebten die Wildkatzen auch in den Zirkuskäfigen, aus denen sie an den Tagen der Vorstellung herausgelassen wurden, um gegen die Gladiatoren (Epigonen des Herkules, der in seinen zwölf Arbeiten auch den Löwen von Nemea tötete) zu kämpfen oder um wehrlose, zum Tode Verurteilte zu verschlingen – wie zum Beispiel die ersten Christen, die von Nero der Brandstiftung beschuldigt wurden. Dabei handelte es sich nicht um einzelne Raubtiere, sondern um wahre Löwenmassen, die vorgeführt wurden, um die Plebs zu unterhalten. Der Diktator Silla ließ etwa 100 Tiere in die Arena, Pompeus sogar 600 („davon 315 mit Mähne“, wie von einem genauen Berichterstatter vermittelt wurde), und Julius Cäsar 400. Im kaiserlichen Zeitalter versuchte man das „Repertoire“ zu erneuern, indem man die Tiere gegeneinander kämpfen ließ: Löwen gegen Elefanten, Stiere, Bären, Tiger, Panther und Nashörner. Der weniger blutrünstige Elogabal hatte die Idee, sich für Kutschenrennen der wilden Lebewesen zu bedienen, und ließ Löwen und Tiger an die Wagen spannen; es ist nicht überliefert worden, wer dabei gewann. Commodus dagegen, der eine derart morbide Leidenschaft für die zirzensischen Spiele nährte, dass das Gerücht in Umlauf gesetzt wurde, sein wahrer Vater sei nicht etwa Marc Aurel, sondern ein einfacher Gladiator gewesen, stieg selber 735 Mal in die Arena hinunter. Dabei durchbohrte er mit dem Pfeil einen Elefanten und teilte mit dem Schwert einen Löwen entzwei. Nach zahlreichen Triumphen ließ er sich als „römischer Herkules“ feiern und stellte sich mit den Attributen eines Halbgotts vor die Öffentlichkeit: Bekleidet mit einem Löwenfell, zertrümmerte er mit Hilfe eines riesigen Knüppels den Schädel einiger Unglücklicher, die als Raubtiere maskiert waren. Für dieses Unternehmen verlangte er als „Sieger der Monster“ angesprochen zu werden. So überträgt es uns die alte Geschichtsschreibung, die übrigens bekanntlich oft genug der Verleumdung verfällt.

20
Ein Drache, ein Elefant, ein Löwe und ein Leopard scheinen hier friedlich zusammenzuleben. Es handelt sich um eine Miniaturmalerei, die um 1460 in Siena entstand und aus einem Kodex der Naturalis Historia von Plinius dem Älteren kopiert wurde. Heute wird sie im Victoria & Albert Museum von London aufbewahrt.

21
Alles, was das klassische Altertum über die Löwen wusste oder fabulierte, ist in der Enzyklopädie Plinius des Älteren (23–79 n. Chr.) zusammengefasst. Dieser ist hier auf einem imaginären Porträt dargestellt, das einer französischen Gravüre des siebzehnten Jahrhunderts entnommen wurde.

Dringt man weiter in das Labyrinth wahrer und wahrheitsferner Berichte der „Naturalis Historia“ von Plinius dem Älteren vor – einer umfangreichen und wundervollen Enzyklopädie des klassischen Altertums – so findet man eine Art „bürgerliches Handbuch“ fantastischer Zoologie vor.

Bei der Anführung aller zuverlässigen und unglaubwürdigen Quellen – vor allem seines großen Vorgängers Aristoteles, Autor einer „Geschichte der Tiere“ im Auftrag von Alexander des Großen – berichtet Plinius, dass die Löwin derart unkeusch ist, dass sie sich gerne mit anderen Raubtieren paart; da der Löwe eifersüchtig und wachsam ist, bemerkt er den Ehebruch durch den Geruch. Nachdem das Weibchen also bereits den Verrat begangen hat, meidet sie den Löwen oder läuft an einen Fluss, um sich zu waschen. Die Löwin wirft beim ersten Mal immer fünf Tierjunge, und bei jeder darauffolgenden Geburt eines weniger, bis sie nach dem letzten Wurf endgültig unfruchtbar ist. Löwen sind sehr genügsame Tiere: Sie trinken selten und fressen jeden zweiten Tag; und wenn sie sich satt gefressen haben, enthalten sie sich danach für drei Tage der Nahrung. Doch sie sind auch gefräßig: was es zu verschlingen gibt, schlucken sie ganz hinunter.

Der Löwe ist unter allen wilden Tieren das einzige, das sich gnädig gegenüber demjenigen zeigt, der es anfleht: wer sich vor ihm niederwirft, den verschont er; und wenn er grausam wird, wütet er eher gegen die Männer als gegen die Frauen, und gegen die Kinder „nur, wenn er sehr viel Hunger hat“. Übrigens greift ausschließlich ein alter Löwe Menschen an, da er nicht mehr genügend Kräfte hat, um andere Beute zu jagen.

In Nordafrika glaubte man fest daran, dass er in der Lage wäre, den Sinn von Bitten zu verstehen. Plinius führt eine persönlich eingefangene Zeugenaussage an: Eine Sklavin von Getulia (zentrale Region des heutigen Algerien) erzählte ihm, dass sie von vielen Löwen überfallen wurde, während sie die Nacht in einem Wald verbrachte. Die Frau überzeugte die Tiere jedoch, sie zu verschonen, indem sie ihnen erzählte, dass sie eine arme, kranke Flüchtende sei, eine dem stärksten aller Tiere unwürdige Beute. Der Enzyklopädist bestätigt die Erzählung und fügt hinzu, dass der Edelmut des Löwen in Gefahrsituationen zutage käme: er beachtet die Pfeile der Jäger nicht und greift diese nur an, wenn er dazu gezwungen ist, um ihnen nicht selber zum Opfer zu fallen. So sehr er auch gejagt wird, zieht er sich erst später verächtlich zurück und hält in den Feldern inne – dort, wo er gesehen werden kann. Aber sobald er in die dichte Pflanzenwelt eingedrungen ist, stürzt er sich in einen atemlosen Lauf, da die schützenden Bäume seine Scham über seine Flucht verbergen. Dank seiner großen Beobachtungsgabe gelingt es einem Löwen, der verletzt wurde, auch inmitten einer Menge seinen Angreifer wiederzuerkennen; in diesem Fall zögert das Tier nicht damit, über ihn herzufallen. Sollte aber der Mann, der einen Pfeil gegen ihn geschleudert hat, ihn verfehlt haben, so überfällt der Löwe den Jäger und wirft ihn auf die Erde, ohne ihn dabei zu verletzen. Die Großkatze hat außerdem große Angst vor dem Kreischen von Wagenrädern und dem Hahnenschrei. Plinius schließt seinen Exkurs über die Löwen, indem er Beispiele ihrer Intelligenz und Großherzigkeit anführt: Großkatzen, denen eine verletzte Pranke behandelt wird oder die sich einen Knochen herausziehen lassen, der schmerzhaft in ihre Kehle eingedrungen ist, belohnen ihren Helfer, indem sie Wild für ihn fangen und es ihm mit katzenartigem Schnurren zu Füßen legen. Die berühmteste Geschichte dieser Art ist sicherlich die über Androclo; sie wird von dem Autor nicht genannt, ist aber in vielen anderen antiken Quellen überliefert. Androclo war ein afrikanischer Sklave, der vor den Misshandlungen seines Herren geflohen war; er wurde jedoch ergriffen und nach Rom geführt, wo er in einem Zirkus zerfleischt werden sollte (die für diese Tat vorgesehene Strafe). Doch als er in der Arena stand, wurden ihm seine Hände von dem Löwen geleckt, der ihn hätte verschlingen sollen. Das Tier hatte in dem Sklaven den Mann erkannt, der ihm vor vielen Jahren in Afrika einen Dorn aus der Pranke entfernt hatte. Das war eine derart ungewöhnliche Szene, dass sie selbst den so grausamen Tiberio dazu brachte, dem Verurteilten das Leben und die Freiheit zu schenken.

22
Die Löwen sind unter den Hauptfiguren dieser Miniaturmalerei aus der Histoire Universelle en Français de la Création du Monde à César, Acri 1260–70.

23 oben
Unter den Geschichten, die die mittelalterlichen Miniaturmaler zu bebildern bevorzugten, gehörte u. a. der Kampf von David und dem Löwen, wie in diesem Brief aus der Bibel von Winchester.

23 unten
Eine andere, öfter wiederkehrende biblische Erzählung handelte von Daniel, der in den Löwengraben geworfen wurde. In dieser Miniaturmalerei der Christ-Herre-Chronik verschlingen die Raubtiere dessen Ankläger.

Ein Teil dieser antiken Fabeln wird in den mittelalterlichen Tierbüchern (Bestiarien) aufgenommen, die den Löwen und fast allen anderen wilden Lebewesen oder Haustieren symbolische Bedeutungen und Allegorien aus dem Alten und Neuen Testament aufbürden. In diesen Texten, von denen uns verschiedene Manuskripte mit prachtvoll ausgeschmückten Miniaturbildern erhalten sind, werden dem Löwen drei Hauptmerkmale zugeschrieben. Das erste ist seine Vorliebe für die Berggipfel. Wenn er sich in diesen Anhöhen aufhält und von Jägern verfolgt wird, die er durch ihren Geruch wahrgenommen hat, verwischt er seine eigenen Spuren mit dem Schwanz, so dass die Verfolger ihn nicht aufspüren können. „So verdeckte Unser Retter (Geistiger Löwe vom Stamm des Judas, Stamm des Isai, Sohn Davids) zuerst die Zeichen seiner Nächstenliebe in den Himmeln, so lange bis er, gesandt vom Vater, nicht hinabstieg in den Schoss der Jungfrau, um das Menschengeschlecht zu befreien, das sich verirrt hatte".

Das zweite Merkmal ist die Tatsache, dass der Löwe auch während seines Schlafes die Augen geöffnet zu haben scheint. „Auf dieselbe Weise wurde dem Herrgott das Kreuz abgelegt, und während sein Körper schlief, wachte seine göttliche Natur".

Die dritte Charakteristik betrifft die Löwin, deren Jungen „tot gezeugt wurden und solche für drei Tage unter seiner Aufsicht bleiben, bis dass der Vater ihnen am dritten Tage nicht das Leben zurückgibt, indem er auf sie bläst. So tat es der Allmächtige, indem er Christus am dritten Tage von den Toten auferweckte".

In den Kapiteln, die den Löwen gewidmet sind, pflegen viele Bestiarien auch imaginäre Kreaturen einzufügen, die „Leontofonti" genannt werden. Es handelt sich um kleinere Tiere, die, nachdem sie gefangen wurden, verbrannt werden. Das mit ihrer Asche vergiftete Fleisch wird an den Kreuzungen der Pfade gelassen. „Das kleinste Stück einer solchen Nahrung ist für den Löwen tödlich, der natürlich einen abgrundtiefen Hass für diese Kreaturen nährt. Und sobald er kann, versucht er sie zu töten – nicht indem er sie zerfleischt, aber indem er sie mit den Krallen zerreißt".

24 oben links
Ein berühmter Löwe der christlichen Hagiographie ist der, der vom heiligen Hierolamus gepflegt und aufgenommen wurde. Hier ein Gemälde von Sano di Pietro (1406–1481), das im Louvre aufbewahrt wird.

24 Mitte
Die Republik von Venedig erkor den heiligen Markus zu ihrem Beschützer. Das Emblem der Stadt ist ein beflügelter Löwe, Symbol des Evangelisten.

24 rechts
Dieser stolze Löwe befindet sich vor der Fassade der Kirche des heiligen Benediktus in Norcia.

24–25
Im Hintergrund des Dogenpalastes und der venezianischen Flotte scheint dieser marschierende Löwe von Carpaccio dem Wohlstand und Ruhm der Republik zuzulächeln.

25 links
Auch in Indien besaß der Löwe die Funktion eines Wärters über die Heiligtümer. Dieses Exemplar verteidigt den Tempeleingang von Kandariya Mahadeva in Khajuraho im Madhya Pradesh.

25 rechts
Die fein ausgearbeitete Mähne scheint die Wildheit dieses Löwen ein wenig abzuschwächen. Das Tier bedroht die Eindringlinge in der „Verbotenen Stadt“ von Peking.

Ein derartig an die christliche Symbolik gebundenes Lebewesen musste natürlich auch zu den Heiligen in Beziehung stehen. Tatsächlich war es ein gutmütiger Löwe – ein enger Verwandter des Freundes von Androclo – der dem heiligen Hierolanus während der langen Jahre Gesellschaft leistete, die dieser in der Wüste verbrachte. Ein weiterer, ebenso gutherziger Löwe erschien dem alten und schwachen heiligen Antonius, um ihm dabei zu helfen, das Grab des soeben verstorbenen heiligen Paolo Eremita mit seinen Krallen auszuscharren. Doch der berühmteste Löwe des Christentums ist das mit Flügeln ausgestattete Tier, das den Evangelisten Markus darstellt und zum Emblem der venezianischen Republik wurde, nachdem einige Matrosen den Leichnam des Heiligen entwendet hatten und von Alessandrien in Ägypten bis zu der Lagunenstadt transportierten. Der Löwe wacht noch heute auf den Mauern und auf den Palästen der Städte und Besitztümer, die zu der Serenissima gehören – von Bergamo bis nach Cattaro, von Udine bis in das zyprische Famagosta. Die Darstellungen von Löwen sind außerdem zahlreich in katholischen Kirchen vertreten. Bereits die ersten Christen malten oder meißelten Löwen und drückten damit sowohl die Kraft aus, die sie haben mussten, um die Verfolgungen ertragen zu können, als auch gleichzeitig die Wachsamkeit der Gläubigen, um nicht zu sündigen. Später führte man die Gewohnheit ein, die Löwen auf den bischöflichen Sitzen darzustellen, oder Armreife in Form von Löwenpranken zu gestalten – beide Fälle symbolisierten den Sieg der Christenlehre über die Bestialität der Welt sowie den Stolz des Teufels, der von der Tugend des Kreuzes unterjocht wurde. Wie man sieht, konnte dieses Raubtier sowohl positive wie auch negative Werte darstellen. Man findet den Löwen auch auf zahlreichen anderen liturgischen Gebrauchsgegenständen wieder, wie zum Beispiel dem Sockel der Kerzenständer, auf die die großen Osterkerzen gestützt wurden. Ferner waren die Tiere natürlich draußen als Wächter vor den Kirchenpforten postiert, wo sie „brüllend" die Säulen stützten – auf diese Weise übten die Löwen für Christus dieselbe Wachsamkeitsfunktion aus, die sie bereits für die ägyptischen Götter verrichtet hatten. In einem anderen Erdteil – nämlich dem großen chinesischen Reich – wachten die Löwen mit derselben Strenge über die Brücken, die Wohnorte und die Gräber der Reichen. Unwissend voneinander priesen Osten und Westen auf dieselbe Weise den „König der Tiere"; oder anders ausgedrückt: „sedens inter leones" – „zwischen den Löwen sitzend" –, wie es auf den alten Landkarten steht: Der Lehnsherr zwischen den Pfeilern der Kathedrale, der chinesische Mandarin zwischen den Löwen aus Jade oder aus Bronze, die sich an den Seiten seines Sitzes befanden.

26–27
Einige Kartenzeichner nutzten den Löwen als Symbol Belgiens: Hier ist der „Leo Belgicus“ auf einer Karte von Jan van Doetecum, die 1598 in Amsterdam gedruckt wurde, zu sehen.

27 oben
Die auf den Hinterbeinen stehenden Löwen sind auf zahlreichen heraldischen Wappen vertreten, wie das hier abgebildete, welches für das Vereinte Königreich steht.

27 unten
Der Löwe tritt häufig als schmückendes Element in den Schriftrollen vieler Landkarten auf, vor allem in jenen, die den afrikanischen Kontinent darstellen. Hier ist eine Karte von 1680 abgebildet.

Die mittelalterlichen Löwen waren vor allem die unumschränkten Herrscher über die besondere polychrome Fauna, die einer anderen Welt angehörte und zu welcher den gemeinen Sterblichen der Zutritt verweigert blieb. Es handelte sich um die Wappenkunde (Heraldik), die neue Wissenschaft, dank derer sich die Aristokratie vom Volk abhob und ihre Überlegenheit behauptete, die aber gleichzeitig eine rigorose Wissenschaft darstellte, welche eigene Regeln, Typologien, Taxonomie und Terminologien enthielt. In diesen adligen „zoologischen Gärten" stand der Löwe fast immer aufrecht auf den Hinterpranken, wobei er im Profil nach rechts gerichtet war und mit einer ausgestreckten, geschwungenen und runden Zunge sowie einem aufgerichteten, wellenförmigen Schwanz dargestellt wurde. Doch er konnte auch in anderen Formen und Charakteren abgebildet werden: in der Gruppe, wenn er saß; verleumdet, wenn ihm der Schwanz fehlte; liegend, wenn er sich entkräftet erholte; „drachenähnlich", wenn ihm ein Drachenschwanz gewachsen war; bewaffnet, wenn er die andersfarbigen Krallen herauszog; er konnte einen Fischschwanz besitzen, der Zähne und Fingernägel beraubt sein und sogar andersfarbige Geschlechtsorgane besitzen.

Es gab natürlich auch den Löwen gewidmete Ritterorden. Der erste davon wurde um 1080 von einem gewissen Enguerrand Herren von Coucy in Frankreich gegründet, dem Land, das den umherirrenden Kavallerien und ihren Unternehmungen günstig gesinnt war. Auch die Löwin besaß einen eigenen Orden: er entstand im vierzehnten Jahrhundert im Königreich von Napoli, wo die berühmte und berüchtigte Königin Giovanna regierte. Die Ordensmitglieder trugen eine gestickte, goldene Löwin auf dem Umhang, die weniger ein Zeichen der Ehre war, sondern das Emblem einer Partei darstellte.

Außer auf den Wappen waren die Löwen auch in der Kartographie zahlreich vertreten. Von der Sahara hinab waren sie über das gesamte Afrika, über Persien und Zentralasien verstreut, um gefällig die weißen Flecken auf den Landkarten zu überdecken; dabei stellten die Tiere eine Wildheit zur Schau, die die geographische Unkenntnis der Verfasser zu entschuldigen schien. „Hic sunt leones" sollte bedeuten: dies sind gefährliche Orte, die nur von Bestien besiedelt sind; wie könnten wir, die Verfasser, euch davon die Topographie geben?

28 oben
Die zwei Wildkatzen auf diesen Bildern sind das Werk von Ulisse Aldrovandi und in dem Band „De Quadrupedibus solipedibus" der Storia Naturale von U. Aldrovandi (veröffentlicht 1616) enthalten.

Später, mit dem Verlauf der Jahrhunderte und der erweiterten Weltkenntnis, die die Europäer in Kontakt mit unbekannten Lebewesen anderer Kontinente brachte, begann die Zoologie mindestens so rigoros zu werden wie die Wappenkunde. Es wurde mit der Katalogisierung der Natur begonnen – einer Arbeit, die noch bis heute nicht gänzlich abgeschlossen ist, da es noch viele Insekten gibt, die auf ihre Eingliederung warten. Die Erbschaft der Vergangenheit war dennoch ständig präsent, und obwohl zahlreiche der aus dem Altertum übertragenen Geschichten nun als Legenden verbannt wurden, gab es noch in diesem Jahrhundert (welches aufgrund seiner Berufung, die Finsternisse der Unkenntnis vertrieben zu haben, das „Zeitalter der Aufklärung" genannt wurde) einen großen Naturforscher wie Buffon, der den Tieren menschliche Gefühle und Verhaltensweisen attribuierte, wie es 1.700 Jahre zuvor Plinius getan hatte. Typisch dafür ist Buffons Abhandlung über den Löwen: *„Die zahlenmäßige und verstandesmäßige Überlegenheit des Menschen gewinnt die Oberhand über die Kraft des Löwen und lässt ihn den Mut verlieren; und der Mut ist eine natürliche Eigenschaft, dessen Intensität bei dem Tier jedoch abhängig ist von den guten oder schlechten Absichten, auf die seine Taten und sein Krafteinsatz ausgerichtet sind. In den weiten Wüsten der Sahara, die zwei verschiedene Menschenrassen zu teilen scheinen (die Schwarzen und die Mohren), zwischen dem Senegal und den Grenzen Mauretaniens, den unbewohnten Flächen, die sich oberhalb des Landes der Hottentotten befinden, und – allgemeiner ausgedrückt – in allen südlichen Teilen Afrikas und Asiens, in denen es der Mensch verschmähte zu wohnen, gibt es die Löwen immer noch in Hülle und Fülle, und so, wie sie von der Natur geschaffen wurden: gewohnt, ihre Kraft mit allen Lebewesen, auf die sie treffen, zu messen, macht die Konstanz ihrer Siege sie unerschrocken und großartig. Sie fürchten somit nicht die Macht des Menschen sowie die Kraft seiner Waffen, weil sie sie nicht kennen. Die Verletzungen irritieren die Löwen, ohne sie jedoch zu erschrecken. Eine größere Anzahl von Menschen bestürzt sie erst gar nicht, im Gegenteil: ein einzelner dieser Wüstenlöwen greift oft eine ganze Karawane an; ist er nach einer beharrlichen und wütenden Rauferei geschwächt, flieht er nicht, sondern setzt den Kampf*

28 unten
Dieser Stich von Dumont aus dem neunzehnten Jahrhundert stellt den französischen Naturforscher Georges Louis Buffon (1707–1788) dar.

29 oben
In der Encyclopédie von Diderot und d'Alembert nimmt der Löwe endlich ein sehr realistisches Aussehen an.

29 unten
In seiner Abhandlung über die Physiognomik zog der neapolitanische Wissenschaftler Giovan Battista della Porta Parallelen zwischen den Gesichtszügen der Menschen und der Tiere. Wem konnte Alexander der Große ähneln, wenn nicht einem Löwen?

fort und zieht sich dabei zurück, ohne seinem Feind je die Schulter zu zeigen. Im Gegensatz dazu haben die Löwen, die an den Grenzen der Städte und den Ortschaften Indiens und der Berberei angesiedelt sind, ihren Mut verloren, nachdem sie den Menschen und die Macht seiner Waffen kennen gelernt haben: Sie gehorchen, wenn sie seine drohende Stimme vernehmen, und wagen es nicht, gegen ihn anzutreten. Sie stürzen sich nur auf das winzige Vieh und fliehen sogar vor Frauen und kleinen Jungen, von denen sie verfolgt und mit Stockschlägen dazu gezwungen werden, ihre Beute abzulegen.
Diese Zweigestaltigkeit in der Natur des Löwen beweist, dass er genügend Fügsamkeit und Zahmheit besitzt, um – bis zu einem gewissen Grad – gezähmt werden zu können sowie eine Art von Erziehung zu erhalten… Es ist absolut sicher, dass ein sehr junger Löwe, der unter Haustieren aufgezogen wurde, sich leicht daran gewöhnt, mit diesen zu leben und auf unschuldige Weise mit ihnen zu spielen. Ferner verhält er sich lieb und zärtlich gegenüber seinen Eigentümern, und wenn seine natürliche Wildheit manchmal durchbrechen sollte, so richtet er sie selten gegen Personen, die ihm Gutes getan haben. Nicht immer kann der Einfluss der Erziehung dabei helfen, seinen ungestümen Charakter sowie seinen großen Appetit zu kontrollieren; es wäre sogar ein wenig gefährlich, ihn lange Zeit hungern zu lassen oder ihn ohne Grund zu peinigen. Außer dass er sich darüber erzürnt, wenn er schlecht behandelt wird, bewahrt er ähnliche Taten auch im Gedächtnis und scheint über eine Rache nachzusinnen; andererseits bleibt er demjenigen, der ihm Wohltaten schenkte, dankbar und behält ihn ebenso in Erinnerung. Ich könnte hier eine große Anzahl von Tatsachen vorlegen, um wenigstens zu beweisen, dass der Zorn des Löwen nobel ist, sein Mut großmütig und seine Natur sensibel. Es wurde oft beobachtet, dass er schwache Feinde verachtete, sich nicht um deren Beleidigungen scherte und ihnen einige beleidigende Scherze verzieh. Wenn er in Sklaverei ist, langweilt er sich ohne zu erbittern, im Gegenteil – er trägt bunte Kostüme, gehorcht seinem Eigentümer, leckt demjenigen die Hand, der ihm Nahrung gibt, und verschont einige zum Tode Verurteilte, die ihm wie eine Beute zu Füßen geworfen wurden. Es scheint, dass er jenen mit einem derart großherzigen Akt Freundschaft geschworen habe und ihnen weiterhin seinen Schutz bot; er würde ferner ruhig mit

72 IO. BAPTISTÆ PORTÆ

non aduersari; vt quod prius improbare, hîc magnopere laudare videatur. Auicenna inquit: Paruum caput, si cum fortitudine virtutis formatiuæ fuerit, optimum erit.

In hac figura mediæ magnitudinis caput inter reliqua cum leonino capite contemplare.

Caput mediocre.

Aristoteles commendat Alexandro Magno caput mediocre, & intra immensum constitutum, cum Polemon, & Adamãtius mediȩ magnitudinis caput laudent. Id videtur leoni comparandum. ipse enim ad corporis rationem, mo-

ihnen zusammenleben, ihnen einen Teil oder sogar seine ganze Nahrung abgeben, und folglich eher Hunger leiden wollen, als sein erstes Versprechen brechen zu müssen". Liebe Löwen – und arme Löwen: von da an sollte es nur einige Jahrzehnte dauern, bis – mit der Eroberung Afrikas seitens des weißen Mannes – das Blutbad beginnen würde. Natürlich war die Jagd auf die Löwen keine Erfindung der Europäer. Die Eingeborenen praktizierten sie schon seit immer, beschränkten sich aber darauf, nur die Exemplare zu beseitigen, die besonders schädlich für die Herden waren, oder sie töteten die Tiere als eine Art von Mutprobe – besonders die Männchen, um sich mit deren Mähne zu schmücken. Außerdem waren die Waffen, über die sie verfügten – Pfeile und Spieße – sicher nicht dazu geeignet, Massaker in derartigem Umfang zu verüben, wie es die Repetiergewehre ermöglichten, die ab der zweiten Hälfte des 19. Jahrhunderts die Fauna des schwarzen Kontinents dezimierten. Und auch dort, wo die Waffen mit Vorderladung (Vorderlader) sehr verbreitet waren – wie im nördlichen Afrika – blieb die Jagd auf die wilden Lebewesen immer (vor der europäischen Eroberung) ein kompliziertes und komplexes Vorhaben, das die Beteiligung ganzer Dörfer beanspruchte. Im Maghreb – von Marokko bis Tripolitanien – erwiesen sich die Löwen als besonders schädlich: Da sie unweit der menschlichen Siedlungen lebten, verließen sie ihre Höhlen nachts und drangen mitten in die Dörfer ein, um sich von Maultieren, Pferden, Eseln, Hammeln, Schafen und Kamelen zu nähren. Die Abholzung des algerischen Hinterlandes, die sich im Laufe der Jahrhunderte immer mehr nach Süden hin erstreckte, wurde nicht so sehr aufgrund der Notwendigkeit neuer anbaufähiger Erde unternommen, sondern eher um die Anzahl der Raubtiere, die in den Wäldern Zuflucht fanden, zu verringern. Noch Mitte des neunzehnten Jahrhunderts – nach etwa zwanzig Jahren französischer Besetzung – errechnete ein Wirtschaftswissenschaftler, dass ein Löwe jährlich Vieh im Wert von etwa 6.000 Francs töten würde, und dass er im Laufe seines Lebens, das durchschnittlich auf 35 Jahre geschätzt wird, einen abschätzbaren Schaden um 200.000 Francs verursacht.

Die Einwohner verteidigten sich auf verschiedene Weise. Wenn ein Dorf besonders von einem Löwen aufgesucht wurde, grub man inmitten des eingezäunten Viehgeländes einen großen Graben, der gut zehn Meter tief und vier oder fünf Meter breit war. Dieser war hinter Dornbüschen versteckt, wo das Raubtier gewohnheitsmäßig immer an derselben Stelle herübersprang. Nachdem der Löwe schließlich in das Loch gefallen war, gelang es ihm aufgrund der Höhe nicht mehr herauszukommen, so dass er den Jägern ausgeliefert war. Diese konnten nun ihre Rache üben: Der armselige Gefangene wurde jeglicher Art von Schikanen unterzogen, beleidigt, bespuckt, mit Steinen und Stöcken geschlagen und schließlich erschossen. Frauen, Ältere und Kinder beteiligten sich am meisten an den Grausamkeiten: man wollte den König des Waldes, der so viel „Böses" getan hatte, demütigen. Das Fleisch des toten Raubtieres wurde im gesamten Dorf verteilt, und jede Mutter ließ ihre Söhne einen Happen von seinem Herzen essen, damit sie die Kraft und den Mut des Löwen assimilieren würden. Mit den Haaren der Mähne verarbeitete man sehr wertvolle Amulette. Ein anderes Jagdsystem war die so genannte „melbeda", das heißt „Versteck". Nahe eines üblicherweise von den Löwen benutzten Pfades grub man einen nicht allzu tiefen Graben (zirka einen Meter lang und drei oder vier Meter breit), der danach mit Baumstämmen und schweren Steinen eingefasst und überdeckt wurde. Ein großer Felsblock bildete die Tür. In dieser kleinen Festung legten sich die besten Schützen auf die Lauer. Sobald der Löwe vorbeiging, um seinen Durst zu stillen oder sich auf die Jagd zu begeben, wurde aus einigen Schießscharten auf ihn gezielt. Andere Male positionierten sich die bewaffneten Männer auf den Baumästen seitlich des Weges, an dem der Löwe vorbeizog. Eine letzte Methode bestand schließlich in der Organisation wahrer Großjagden, an denen zehn bis manchmal Hunderte von Personen teilnahmen, die sich aufmachten, um die Raubtiere im Wald aufzustöbern. Es handelte sich um das gefährlichste System, da der bedrängte und umzingelte Löwe oft damit reagierte, seine Verfolger anzugreifen. Es konnte passieren, dass er einen von den Jägern zerfleischte, bevor dessen Kameraden ihm zu Hilfe kommen konnten, indem sie das Tier töteten. Da die Geschosse der veralteten Gewehre Mühe hatten, in die dicke Haut einzudringen, waren mehrere gut gezielte Schüsse nötig, um ein erwachsenes Exemplar zu töten.

Im südlichen Afrika praktizierten die Hottentotten eine kuriosere Art der Jagd. Sie legten ein halb verwestes Aas auf die Erde, dessen Geruch den Löwen anzog und versteckten sich selber am Rande eines Abgrunds. Während das Tier sich daran machte, die Mahlzeit zu verschlingen, schüttelten die Männer mit Hilfe von Seilen und Stöcken eine Marionette, die dem Löwen seine Beute streitig zu machen schien. Daraufhin fiel jener über den „Dieb" her – und stürzte dabei in den dahinter liegenden Abgrund, in den die Eingeborenen dann hinunterstiegen, um ihn zu erlegen.

30–31
Die von den Einwohnern Beciuanas benutzte Technik für die Löwenjagd sah den Gebrauch spitzer Stöcke vor, die an einem Ende einen dichten Büschel aus Straußenfedern besaßen, um das Tier zu täuschen. Die Abbildung wurde einer Bildtafel aus „Wild Sport of Southern Africa" von W. H. Harris (1844) entnommen.

32–33
*Ende des 19. Jahrhunderts:
Eine Gruppe von Jägern trinkt Tee
im Hauptlager während einer
Treibjagd in Ostafrika.*

33 oben links
*Ein besonderer, weißer Jäger: der
Präsident der Vereinigten Staaten
Theodore Roosevelt mit einer Beute,
fotografiert 1910.*

33 oben rechts
Nach der Jagd ein wenig Kunst: der Jäger, Forscher und Maler Iacovleff porträtiert die Beute, die er soeben getötet hat.

33 unten
Während des Besuchs in Kenia im Jahre 1952 fotografierte Elisabeth, Königin von England, zum ersten Mal einen Löwen.

Das erste Jägerparadies, das zunächst durch Bücher und später durch das Kino in die Geschichte mit dem Beinamen „Der große, weiße Jäger" überliefert werden sollte, und das uns heutzutage – unserem ökologischem Verstand folgend – eher als ein oberflächlicher und ruchloser Ausrotter erscheint, war Südafrika. In den dortigen Savannen gab es zu Beginn des 19. Jahrhunderts Millionen von Tieren: Horden von Antilopen, Zebras, Elefanten, Quaggas, Sträuße, Giraffen, Nashörner, Gnus, Löwen, Nilpferde und die allgegenwärtigen Paviane, die harmlos zu sein schienen, jedoch unvermutet mit einer wilden Solidarität aufwarteten: wurde einer von ihnen verletzt, warfen sich alle anderen auf den unvorsichtigen Schützen und machten ihm den Garaus.

34 oben links
Zittern und Filmgelächter: Charlie Chaplin im Käfig des Löwen in dem Film „Der Zirkus", von 1927.

34 oben rechts
Zwei Sprösslinge eines königlichen Geschlechts: Fürst Philip von Orléans, Thronanwärter von Frankreich, hält einen Löwenjungen im Arm, fotografiert 1919.

In dieses Jagdparadies zogen hartnäckige Missionare, die sich – mit der Bibel bewaffnet – auf die Suche nach konvertierbaren Eingeborenen machten, um ihre eigenen „Jagdtaschen" mit Menschenseelen füllen zu können. Außerdem fanden sich britische Anhänger der Jagdkunst ein, die begierig danach waren, die Londoner Wohnzimmer mit Stoßzähnen und Hörnern von Elefanten bzw. Nashörnern sowie ausgestopften Löwenköpfen schmücken zu können. Der berühmteste darunter war ein gewisser Roualeyn George Gordon Cumming. Er war der zweite Sohn eines schottischen Baronets, ausgestattet mit einer außerordentlichen körperlichen Kraft, unbändigem Geist und einer unglaublichen Gesundheit. Der robuste Highlander (mit Kilt und Hemd an der Spitze seiner Karawane) wurde ein Mythos der Eingeborenen und Pioniere, ein viktorianischer Nembrotte, von dem sich zahlreiche Nachahmer inspirieren ließen. Im Jahre 1849, nach einer Jagdreihe entlang des Flusses Limpopo, hatte er derartig viele Jagdtrophäen gesammelt, dass er sie auf neun Karren laden

musste, um sie zum Port Elizabet befördern zu können. Dort wurde die Beute vor dem Einschiffen gewogen – sie zählte dreißig Tonnen.

In England beeindruckten die Erzählungen von Cumming die „Anhänger Dianas“ derartig, dass sie eine wahre Migration von Jägern in die Wälder Südafrikas verursachten; die berühmtesten Nacheiferer ihres Vorgängers waren Oswell und Baldwin, deren Berichte wiederum andere Nachahmer hervorriefen. Die schlimmsten Schäden für die armselige afrikanische Fauna wurden jedoch angerichtet, wenn Gäste von königlichem Blut auftraten. Im Jahre 1860 hatten die Raubtiere des Orange „die Ehre“, von dem Fürsten Alfredo – Sohn der Königin Victoria – unter Beschuss genommen zu werden. Es war wirklich eine „schöne Jagd“: tausend Schläger umzingelten ein unendlich großes Terrain, auf dem fünfundzwanzigtausend Tiere abgesperrt waren – sechstausend von ihnen wurden ermordet; auch zahlreiche Eingeborene wurden von den zu Tode erschrockenen fliehenden Herden zertreten und zerstampft.

Nach einigen Jahrzehnten ähnlicher Schießereien waren ganze Tierarten von der Bildfläche verschwunden: „Heutzutage“, schrieb ein Südafrikaner 1890, „sind unsere Ebenen nackt und wüst“. An die „Sportsmen“ schlossen sich Händler an, die sich neben dem Handel mit Elefanten-Stoßzähnen auch Löwenfelle – die damals enorm als Teppiche geschätzt wurden – sowie Tierjunge verschafften, die an Zirkusse und zoologische Gärten verkauft wurden. Voller Stolz konnte der Mensch dort nun den traurig und willenlos gewordenen „König der Tiere“ im Käfig ausstellen.

34–35
Die französische Schriftstellerin Colette (1873–1954) ist auf dieser Fotografie von 1909 liegend auf einem Löwenfell zu sehen.

35 oben
Er hat auf den Bildschirmen der ganzen Welt gebrüllt: der Löwe der Metro Goldwyn Mayer, hier auf dem bedruckten Papier der Gesellschaft.

Umwelt und Anatomie

36 links
Von der Anhöhe einer „Kopje" aus – einer für den Serengeti typischen, großen Gesteinsformation – beobachten die Löwenjungen das Flachland.

36 rechts
Die Eckzähne der Löwenmännchen sind im Durchschnitt sechs Zentimeter lang.

38
Die Nomadenmännchen des Serengeti folgen der Gnu-Migration und erreichen bis Juli/August das Gebiet des Standwildes der Mara-Herden.

39
Man kann sich kein majestätischeres Schauspiel in Afrika vorstellen als einen männlichen Löwen – mindestens 180 Kilogramm schwer mit 1,20 Meter Schulterhöhe – der sich in seiner ganzen Länge (drei Meter von der Nasenspitze bis zum Schwanzende) inmitten der Savanne auf den Hinterbeinen aufrichtet.

DIE UMWELT

Löwen leben nicht in dichten Wäldern, kultiviertem Ackerland oder Regionen mit einer hohen Bevölkerungsdichte; außer diesen Ausnahmen sind sie in ganz anderen Lebensräumen zu finden. Obwohl sie den Freiraum der Savannen bevorzugen, ist es möglich, die Raubkatzen auch in Halbwüsten und in bis zu 4.500 Meter Höhe anzutreffen. Nur zwei Bedingungen müssen dabei erfüllt sein: das Vorhandensein von Beute und Wasser. Damit das Gebiet sich jedoch auch als Lebensraum eignet, ist ein Unterschlupf notwendig, der sie vor der glühend heißen Sonne schützt sowie eine sichere Zuflucht für die Jungen bietet. Hätte der Löwe die Wahl, würde er außerdem sicherlich Zonen bevorzugen, in denen es größere Jagdmöglichkeiten gibt. Die charakteristische Vegetation einer Umgebung bedingt die Existenz von Pflanzenfressern, und damit – wenngleich auch indirekt – diejenige der Raubtiere. Die Löwen, die wir vorwiegend beobachtet haben, leben im Reservat von Masai-Mara in Kenia. Das Gebiet liegt im südwestlichen Teil des Landes und ist 260 Kilometer von der Hauptstadt Nairobi entfernt. Zusammen mit dem Nationalpark Serengeti in Tansania bildet diese geschützte Fläche ein einziges Ökosystem. Das Reservat wurde 1950 gegründet und bis 1961 auf eine Fläche von 1.510 Quadratkilometer ausgeweitet, von denen jedoch nur 650 Quadratkilometer vollständig geschützt sind; auf dem restlichen Land, das „Ranch-Region" genannt wird, widmen sich die Masai-Hirten der Viehzucht und errichten im Allgemeinen nur vorübergehende Siedlungen.

Die Landschaft ist charakterisiert durch weite Ebenen und weich abgerundete Hügel, die sich hier und dort zwischen Steingipfeln, Felsblöcken, Bäumen und dornigen Akazienbüschen emporheben. Die Höhe erreicht hier 1.500 bis 1.600 Meter, und das Klima ist derart mild, dass die Touristen über die kühlen Nachtstunden verblüfft sind! In dem Mara-See und seinem Nebenfluss Talek fließt das Wasser zu allen Jahreszeiten, und die Sumpfzonen trocknen nie aus. Das Flachland wird von zahlreichen kleinen, jahreszeitbedingten Bächen – den „Laga" – durchquert, die oft mit Bäumen und Sträuchern gesäumt sind. All diese vorteilhaften Bedingungen tragen dazu bei, Masai-Mara zu einer der Zonen Kenias zu machen, die am reichsten an wilder Fauna sind.

Die Wechselbeziehungen zwischen den Tierarten sind ständigen Veränderungen unterlegen: während einige Populationen sich fortentwickeln, beginnen andere sich zu verkleinern. Kommt es zur Dürre oder Rinderpest (wie es 1890 geschah, als 95 Prozent der Gnu- und Büffelbestände starben) erfährt das ökologische Gleichgewicht erneute Veränderungen. Der Sieg über die Rinderpest und die Zunahme der Nahrungsreserven bewirkten, dass die Gnubestände des Ökosystems Mara/Serengeti von ca. 250.000 Exemplaren in den fünfziger Jahren auf fast 1,5 Millionen in den Achtzigern anstiegen.

Das Erscheinungsbild des Reservats verändert sich mit dem Wechsel der Jahreszeiten. Mitten in der Trockenzeit ist die Erde dunkel und kahl, das Gras ist gelb gefärbt, und die Tiere sind erschöpft. Dann kommen endlich die Regenzeiten, normalerweise in den vorgesehenen Perioden: zwischen April und Mai die großen Regenfälle, und ab Mitte Oktober die kleinen. Das Gras ergrünt wieder schnell, und der Boden verwandelt sich in

40
Diese Löwin von Tsavo in Kenia ist auf einen Baum geflüchtet, um sich vor einer Büffelherde zu retten und ihre Gefährtinnen ausfindig zu machen.

41
Obwohl sie nicht über dieselbe Gelenkigkeit eines Panthers verfügen, können Löwinnen problemlos auf Bäume klettern und mit Leichtigkeit auf den Boden aufspringen. Den ausgewachsenen Männchen dagegen gelingen ähnliche Vorhaben kaum, da sie viel schwerer sind.

42–43
Im Inneren des Kraters von Ngorongoro leben ungefähr hundert Löwen. Diese Gruppe hat es jedoch nicht leicht, was mit der Isolation von den Rudeln des nahen Serengeti zusammenhängt.

Schlamm: doch nun sind die Moorgebiete erneut unwegsam. Nur die Elefanten, Büffel und Wasserantilopen können sich auf der Suche nach Weideflächen gefahrlos in ihr Inneres begeben. Den Lebensrhythmus im Masai-Mara bestimmt jedoch hauptsächlich die Migration der Gnus: es scheint, dass ab Juni alle auf die Ankunft dieser Pflanzenfresser warten würden. Da die Wanderungen der Gnus an die Regenverhältnisse gebunden sind, richten sie sich ansonsten nach keinen genauen Perioden und Bedingungen. Endlose Tierreihen (die eine durchgehende Länge bis zu 40 Kilometern erreichen können) treffen von Tansania ein und hinterlassen in der Erde tiefe Spuren. Im Inneren dieser riesigen Herden ziehen Tausende kleiner Gnus – die im Februar in den Hochebenen der Serengeti geboren wurden – tagelang auf der verzweifelten Suche nach der Mutter umher. Wenn sie dann endlich das Ufer des Mara-Flusses erreicht haben, versuchen sie diesen zu überqueren und ertrinken dabei zu Hunderten: ein gefundenes Fressen für Aasfresser, wie z. B. die Warane und Krokodile. Nachdem die Sommermonate vergangen sind, begeben sich die Gnus wieder auf denselben Rückweg und kehren in die Serengeti zurück.
Masai-Mara ist die Heimat der Masai, die an der Grenze des Reservats leben. Früher zog dieses Volk gemeinsam mit den eigenen Herden umher, wobei es dem Gang der Jahreszeiten und den Regenperioden folgte; heutzutage ist dies nicht mehr zu beobachten. Besonders im nördlichen Teil des Reservats stoßen die Pflanzenfresser immer häufiger mit dem Vieh der Masai zusammen, das sich ebenfalls konstant vermehrt.
Masai-Mara ist das Reich der Raubtiere. Die Löwen sind praktisch auf dem gesamten Gebiet verteilt, und man kann leicht auf einen von ihnen stoßen. Bei der Zählung von 1992 stellte sich heraus, dass es sich um eine der am dichtesten bevölkerten Regionen ganz Afrikas handelt: 484 Exemplare von jung bis ausgewachsen, die in 22 Rudel aufgeteilt sind, sowie 74 Nomadentiere. Die Gebiete, die von sesshaften Gruppen besiedelt sind, bilden ein buntes Mosaik von Löwen verschiedenster Ausmaße. Das Rudel „Bila Shaka“, das wir seit vielen Jahren beobachten, ist am östlichen Ufer des Flusses Mara angesiedelt – nahe des bekannten Zeltlagers von Governor und den Sümpfen von Musiara – und besucht beständig das südlich vom See Miti Mbili (der hinter der Landebahn Governor angelegt ist) gelegene Gebiet. Die grünen Weideflächen ziehen dort zu allen Jahreszeiten eine große Anzahl von Tieren heran. Bei den Wildkatzen ist es besonders beliebt, sich auf dem Gipfel eines Termitenbaus zu erholen. Dieser bildet eine ideale Anhöhe, von der aus sie die Pflanzenfresser gut beobachten können – besonders während der Regenzeiten, wenn das Gras hoch steht.

44
Das Territorium des Löwenrudels von Intrepids in Mara erstreckt sich bis zu den Ufern des Flusses Talek und ist gleichzeitig Herrschaftsgebiet zahlreicher Leoparden.

45
Bei dieser Löwin, die gerade dabei ist, ihren Durst zu stillen, handelt es sich um ein sehr junges Tier, wie die schwarzen Flecken hinter den Ohren verraten.

46 und 47
Die Löwen des Naturparks am See Nakuru bevorzugen es, beim ersten Morgenlicht oder gegen Abend auf den Pfad unter den großen „Gelbfieber-Akazien“ vorzudringen.

48–49
Gnus und Zebras sind die bevorzugten Opfer des Rudels von Bila Shaka. Doch sobald die Pflanzenfresser ihre Migration wiederaufnehmen, müssen die Löwen sich auf die Suche nach anderer Beute machen.

50
Es hat aufgehört zu regnen und das Löwenmännchen schüttelt seine nasse Mähne.

51 oben und unten
Die Löwinnen bleiben auch bei starkem Platzregen im Gras liegen und schütteln sich von Zeit zu Zeit das Wasser vom Fell ab.

52
Die Farben der Löwenmähnen sind sehr unterschiedlich und reichen von Blassgelb bis Dunkelbraun. Anscheinend haben die Weibchen eine Vorliebe für Löwen mit dunkler Mähne.

53
Die im Gras geduckten Löwinnen versuchen unbemerkt an den grasenden Pflanzenfressern vorbeizukommen und warten auf den geeigneten Moment, um anzugreifen.

54
Im Nationalpark von Nakuru in Kenia wurden zahlreiche Löwenexemplare wiedereingeführt. Während sie am Seeufer entlangspazieren, werden sie von den Zwergflamingos nicht aus den Augen gelassen.

55
Der Himmel ist bedeckt, und die Hitze weniger stark als sonst. Das Rudel zieht zu einer ungewohnten Stunde im Flachland umher. Gewöhnlich erholen sich die Tiere zu diesem Zeitpunkt bereits im Schatten.

56–57
Im Alter von sieben bis acht Jahren hat das Männchen den Höhepunkt seiner Kräfte erreicht und bleibt – wenn nichts dazwischen kommt – noch für einige Jahre an der Spitze des Rudels.

ANATOMIE

Löwen, die sich aus der Mitte einer hohen Grasfläche der Savanne emporrecken, um den Wind zu wittern, sind ein herrliches Schauspiel. Die Kraft des Löwen gründet sich auf auf einem durchschnittlichen Gewicht von 190 Kilogramm, einer Schulterhöhe von 1,20 Metern und einer Länge von drei Metern vom Maul bis zur Schwanzspitze. Der Körperbau der Löwen variiert jedoch sehr von einer Region zur anderen: Die Exemplare Südafrikas zum Beispiel sind größer als diejenigen der östlichen Regionen. Die Weibchen wiegen stets 20 bis 50 Prozent weniger als die Männchen und sind vom Wuchs her schlanker. Der geschlechtliche Dimorphismus übernimmt hier also eine größere Bedeutung als bei anderen Wildkatzen. Nur die Männchen besitzen eine Mähne. Sie beginnt ab einem Alter von zwei Jahren zu wachsen und kann verschiedene Färbungen annehmen – von Blassgelb bis zu einem dunkelbraunen bis schwarzen Farbton. Bei einem fünf- bis sechsjährigen Löwen kann die Mähne eine Länge von bis zu 24 Zentimetern erreichen. Diese Haarpracht bildet für das Tier eine Art von Fechtmaske beziehungsweise ist ein wirksames Mittel, um sich gegen Prankenhiebe zu schützen, die während der Rivalenkämpfe gegen Kopf und Hals ausgeteilt werden. Bei der Mehrheit der Säugetiere ist die Haarfarbe genetisch bestimmt; im Gegensatz dazu kann die Mähne eines Löwen jedoch mit dem Alter dunkler werden bzw. ausbleichen, oder infolge einer Verletzung sogar ausfallen. Keine Löwenmähne gleicht der anderen – einige rare Tierexemplare besitzen eine sehr lange und dichte Mähne, und in einigen Regionen – wie z. B. im Krater von Ngorongoro oder in der Wüste Kalahari – stößt man auf Löwen mit schwarzem Haupthaar. Einige an diesen Besonderheiten interessierte Forscher untersuchen zurzeit, welchen Einfluss der Wuchs und die Farbe der Mähne auf die soziale Rangordnung sowie die Fortpflanzungsfähigkeit des Trägers haben. Auf dem Territorium wurden den Raubkatzen un-

58
Das Löwenmaul ist mit weißen Haarbüscheln versehen, die auf dem Kinn, um die Kehle herum und nahe der Augen verteilt sind.

59
Elma nähert sich ihren Gefährtinnen, die sich aufgrund der Hitze zwischen die Büsche geflüchtet haben.

60–61
Die Farbtöne der großen Löwenaugen reichen – je nach Alter – von Gold bis Braun. Die Fliegen, die sich ringsherum ansetzen, sind die größten Feinde der Großkatzen.

echte Löwen mit hellen, dunklen und mehr oder weniger dichten Mähnen gezeigt. Dabei beobachtete man, dass die Männchen ein größeres Misstrauen gegenüber den „Stofftieren" mit der längeren Mähne demonstrierten, während die Weibchen ein erhöhtes sexuelles Interesse für die Exemplare mit dunklerer Mähne zeigten.

Die Forscher analysieren ferner, welchen Einfluss Erblichkeit und Ernährung auf diese charakteristische Besonderheit ausüben. Es handelt sich dabei um keine leichte Aufgabe, da ein großer Teil der jungen Löwenmännchen das Forschungsgebiet vor dem Erreichen des Erwachsenenalters verlässt, so dass der Vergleich der Mähnen von Vätern und Söhnen fast immer unmöglich ist. Um die Abstammung festzustellen, ist es außerdem notwendig, den DNA zu prüfen; aus diesem Grund wurden die letzten Forschungen mit Tieren aus zoologischen Gärten durchgeführt.

Der Kopf des Löwen ist sehr groß – fast rechteckig – und endet in einem breiten, abgerundeten Maul; die Kiefer sind kräftig, und das Gebiss verrät die Anpassung des Tieres an den Lebensstil eines Jägers. Die starken, äußerst spitzen Eckzähne (durchschnittlich sechs Zentimeter bei den Männchen) eignen sich gut zum Ergreifen der Beute sowie zum Kämpfen, während die Backenzähne dem Zerkleinern von Fleischstücken dienen. Mit Hilfe der Zähne lässt sich das Alter der Tiere feststellen. Typisch für die jungen, ausgewachsenen Löwen sind die cremeweißen Eckzähne, die mit der Zeit abstumpfen bzw. im Alter brechen und eine gelbliche Färbung annehmen, die sich später ins Braun bzw. einen Karamelton wandelt. Gleichzeitig fallen die Schneidezähne aus, die bei einem sehr alten Tier sogar vollständig fehlen können. Oftmals verlieren auch sehr junge Löwen ein oder zwei Zähne. Das Alter des Tieres lässt sich auch auf eine andere Weise bestimmen: den Melanismusgrad des Mauls. Tatsächlich verwandelt sich die typische Rosé-Farbe der Schnauze junger Löwen bei den älteren Tieren in einen Schwarzton. Grund dafür sind die zahlreichen schwarzen Pigmentflecke, die auf verschiedenen Zonen der Haut auftauchen und sich mit der Zeit vermehren.

Die Farbtöne der Iris reichen von Gold bis Braun.

An den massiven, kraftvollen Pranken befinden sich einziehbare Krallen, die den Tieren (besonders den leichtgewichtigeren Exemplaren, wie Weibchen und Jungen) ermöglichen, die Beute zu fassen sowie auf Bäume zu klettern. Der Schwanz endet mit einem Bausch aus dichten, schwarzen Haaren, unter denen sich ein hornartiger, spornförmiger Auswuchs von etwa sechs bis zwölf Millimeter Länge verbirgt. Wenn der Löwe den Schwanz schüttelt, so versucht er sich meistens vor dem Ansturm der Fliegen – einem seiner ärgsten Feinde – zu schützen, kann jedoch auch Zorn und Verstimmung damit ausdrücken.

Das Fell ist sandfarben oder rotblond und selten homogen. Auf dem Bauch und auf der Innenfläche der Beine ist es weicher, länger und heller. Es handelt sich mit Sicherheit um ein einfaches Tarnsystem, wenn man bedenkt, dass es – um z. B. ein sperriges Objekt zu verschleiern – genügt, die im Schatten liegenden Flächen aufzuhellen. Nachts unter dem Licht der Sterne nimmt die Wildkatze eine einheitliche Graufärbung an. Die Rückseite der abgerundeten Ohren ist immer schwarz und steht damit in absolutem Kontrast zu dem restlichen Körper.

Das weiche, flaumige Haar der Löwenjungen ist rotblond und besitzt eine helle Grundschattierung, die von bräunlichen Flecken übersät ist. Mit der Zeit wird das Fell jedoch homogen.

Wenn sie sich bewegen, geben die Löwen nicht das kleinste Geräusch von sich. Die weichen Polster, mit denen die Pfoten ausgestattet sind, erlauben ihnen einerseits das geräuschlose Sich-Fortbewegen, machen sie andererseits aber auch verletzbar gegen die Dornen.

62
Die Pünktchen am Ansatz der vier bis fünf Schnurrhaare sind – ebenso wie die Flecken direkt darüber – bei jedem Exemplar verschieden und machen es möglich, die einzelnen Tiere wiederzuerkennen.

63
Die Weibchen erreichen ein Gewicht von 120 bis 180 Kilogramm. Dank ihres schlanken und muskulösen Körperbaus sind sie ihren männlichen Gefährten beim Laufen überlegen.

63

64
Champagne beobachtet gerade einen Raubvogel, der über ihr kreist.

65
Das rotblonde Fell der Löwinnen ist eine perfekte Tarnung in dem gelblichen Gras.

66
Die Löwen kommunizieren miteinander durch Gesichtsmimik. Dieser Ausdruck deutet auf Aggressivität hin.

67
Ein Löwe gähnt – der andere nicht; generell ist das Gähnen im Rudel ein wichtiges Kommunikationsmittel.

68 und 69
Die Mähne der Männchen wird oft mit einer Fechtmaske verglichen. Tatsächlich ist sie dafür bestimmt, die starken Prankenhiebe, die während der Kämpfe gegen Kopf und Hals ausgeteilt werden, zu dämpfen.

70

Das hier abgebildete Löwenmännchen gehörte 1992 zum Standrudel von Bila Shaka. Sein Maul ist – wie das vieler anderer Kameraden – von zahlreichen Narben gezeichnet.

71

Wenn es möglich ist, trinken Löwen täglich, doch sie können auch über lange Zeiträume hinweg ohne Wasser auskommen. Die Zunge dieser Raubtiere eignet sich nicht besonders zum Trinken – sie müssen das Wasser schon einige Minuten lang schlappern.

72 und 73

Der Löwe gähnt selten, weil er müde ist; er tut es oft beim Aufwachen oder wenn er nervös ist. In letzterem Fall wedelt er auch tüchtig mit dem Schwanz.

Das soziale Zusammenleben

74 links
Im Masai-Mara brechen auch in der Trockenzeit Gewitter aus. Die entstehenden Wasserpfützen werden von den Löwen sehr geschätzt.

74 rechts
Die Termitenhügel bieten dem Rudel von Bila Shaka einen ausgezeichneten Beobachtungsposten über das Flachland.

76
Zwei Brüder bilden eine Gemeinschaft gegenseitiger Hilfeleistung.

77
Diese jungen Nomadenmännchen haben sich zu einem beständigen Bündnis zusammengetan. Sobald sie die volle Reife erreicht haben, werden sie dank dieser Verbindung ein Revier erobern können.

11 Uhr morgens: die Löwinnen von Bila Shaka und die größten Löwenjungen liegen zwischen den Büschen verstreut und schlafen tief und fest – einer nahe bei dem anderen. Einige Exemplare liegen auf einer Körperseite, wobei der Kopf und die Beine wie verlassen auf der Erde abgelegt sind; andere hingegen sind rücklings positioniert, mit einer Pranke, die schlapp himmelaufwärts ausgestreckt ist – eine Stellung, die bei den Löwen sehr oft zu beobachten ist, wenn es warm ist. Zusammengekauert wie eine Sphinx lässt eines der Weibchen, deren riesiger Bauch von der Nahrung gewölbt ist, ein lautes Keuchen von sich. Nur eine Löwin, die das Kinn auf der Spitze ihrer Pfoten abgelegt hat, hebt ein verschlafenes Auge in unsere Richtung. Löwen erholen sich praktisch fast zwanzig Stunden täglich. In Kenia wie in anderen Teilen der Welt haben sie so den Ruf großer Faulenzer errungen. Sobald die Temperatur sich erhöht, flüchten die Löwen in den Schatten. Es gibt dabei keine festgesetzten Stammplätze; jeder richtet sich im bequemsten und kühlsten Winkel ein. Der Rest des Tages wird nun dort verbracht, unweit von der Stelle, an der man von den ersten Sonnenstrahlen überrascht wurde: in der Tiefe eines Dickichts, an einem Flussbett oder unter eine Akazie. Im Laufe der Jahre konnten wir dennoch beobachten, dass die Tiere bei der Wahl der Ruheplätze einige Vorlieben an den Tag legen, die in Verbindung zu den verschiedenen Jahreszeiten stehen: bestimmte Gebiete der Lagas, ein Waldstück mit kreisförmig angeordneten Sträuchern, oder die Forstgrenze in der Nähe von Governor.

In Manyara in Tansania oder in Nakuru (Kenia) kauern sich einige Löwen sogar auf große Bäume – vielleicht um nicht von den zahlreichen Büffeln gestört zu werden, die in den beiden Nationalparks leben. Wie dem auch sei, in Masai-Mara existiert diese Angewohnheit jedenfalls nicht.

Gegenwärtig umfasst unser Rudel sechs ausgewachsene Löwinnen, die seit vier Generationen zusammenleben. Da wäre zuerst Princesse, die Älteste, dann ihre Tochter Aberlour und die zwei Nichten Elma und Anieska. Die dritte Generation wird von Champagne und Krishna vertreten. Es gibt fünf Löwenjungen – zwei Weibchen und drei Männchen –, die ungefähr eineinhalb Jahre alt sind. Zwei Löwinnen leben außerhalb des Rudels. Da es keine neuen Tierjungen zu versorgen und aufzuziehen gibt, sind die Verhältnisse zwischen den Weibchen innerhalb des Gruppe flexibler. Aus demselben Grund verbringen die beiden Männchen Superbe und Lieutenant wenig Zeit mit ihnen. Es ist deshalb sehr schwierig für uns, sie alle zusammen zu beobachten.

Wir haben gerade die beiden Löwenmännchen verlassen, die sich ungefähr einen Kilometer entfernt unter dem Schatten eines Baumes befinden. Am frühen Morgen hatten wir sie inmitten einer Lichtung gefunden, wo sie sich das vom Tau durchnässte Fell trocknen wollten. Genüsslich ließen sie sich von den ersten Sonnenstrahlen wärmen. Später war die Hitze angestiegen, und die von den Fliegen gepeinigten Löwen begannen mit müden Schwanzschlägen in die Luft zu peitschen, ohne dabei die etwa dreißig Meter von ihnen entfernte, dunkle Schattenzone unter einem Baum aus den Augen zu verlieren. Sie schienen nicht die Kraft zu haben, sich zu erheben und gähnten ohne alle Zurückhaltung weiter. Letztendlich entschloss sich Superbe – gefolgt von Lieutenant – dazu, sich dem ersehnten Schatten zu nähern. Mit schwerem Schritt und einem beinahe am Boden hängenden Bauch schleppten sie sich in Richtung des Baums. Wenn wir die Löwen auch in anderer Form zu Gesicht bekommen wollen – nicht nur als große, schläfrige Kater – müssen wir die Nacht beziehungsweise die frühen Morgenstunden abwarten. Doch handelt es sich dabei überhaupt um wahre Faulheit oder ist es nur Effizienz? Weshalb Energien vergeuden, wenn dazu keine Notwendigkeit besteht? Die Zeiteinteilung ist darauf ausgerichtet, auf den Einbruch der Dunkelheit und kühlere Luft zu warten. Löwen sind die größten Raubtiere des Ökosystems, in dem sie leben, und sie haben fast nichts vor anderen Lebewesen zu fürchten. Im Gegensatz zu anderen Tierarten sind sie nicht dazu gezwungen, eine konstante Alarmbereitschaft beizubehalten.

Wir lassen also unser Rudel in Ruhe schlafen und kehren erst am späten Nachmittag wieder. Gerade dann beginnen die

78–79
Um die starke Hitze leichter zu ertragen bzw. um die Nahrung besser zu verdauen, verbringen Löwen einen großen Teil des Tages faulenzend.

80–81
Die jungen Löwinnen spielen miteinander. Sobald sie ausgewachsen sind, müssen sie die neue Reife im Innern ihres Ursprungsrudels ausleben.

Löwinnen und die Löwenjungen aufzuwachen und gähnen dabei ununterbrochen. Das Gähnen ist bei den Löwen weder ein Zeichen von Müdigkeit noch ein Mittel, um Rivalen zu verängstigen (wie es bei einigen Primaten der Fall ist). Die Löwen gähnen sonderbarerweise gerade, wenn sie dabei sind aufzuwachen oder sich in Situationen befinden, die ihnen Nervosität oder Missbehagen bereiten. Es folgt die Phase des Stretchings: die Pranken nahe beieinander, mit gesenktem Kopf macht ein Löwenjunges einen Buckel; ein anderes hebt das Gesäß aufwärts und senkt die Schultern, wobei es die Pranken mit den gut zu erkennenden Krallen maximal von sich streckt. Eine junge Löwin schärft sich die Krallen an einem kleinen Baumstamm; sofort wird sie von zwei Gefährtinnen nachgeahmt, welche die Löwin in der Zwischenzeit erreicht haben. Wir kehren zurück, um die beiden Männchen zu beobachten und darauf zu warten, dass sie sich auf den Weg machen. Doch wir müssen Geduld haben bis zum Anbruch des Abends. Schließlich erheben sich die zwei Löwen und nähern sich schnell einem Busch. Dann richten sie sich ihrer ganzen Länge nach auf und beschnuppern die dünnen Äste, um mögliche Gerüche zu identifizieren. Sie reiben danach den Kopf und die Mähne gegen das Laub und wenden sich dabei mit aufgerichtetem Schwanz, um den Busch schließlich mit einem Urinstrahl zu markieren. Daraufhin beginnen sie erneut, die Runde auf dem Gebiet ihres eigenen Rudels zu machen. Plötzlich hält Superbe inne; kräftig steht er auf seinen Pranken, hebt dann den Kopf und beginnt zu brüllen, wobei er sofort von Lieutenant nachgeahmt wird. Wir befinden uns in unmittelbarer Nähe, und die Erde unter unseren Füßen zittert. Die Löwinnen antworten mit Zärtlichkeit. Von weitem ist das Echo der brüllenden Männchen anderer Rudel zu hören.

82
Es gibt keine Jungen mehr im Rudel. Die Löwengemeinschaft hat sich deshalb in zahlreiche kleine Gruppen aufgeteilt: Elma ruft die Gefährtinnen, die beim Appell fehlen.

83
Die Weibchen säubern sich gegenseitig, aber befassen sich nicht mit der Reinigung der Männchen.

DAS RUDEL

Löwen sind die einzigen Raubtiere, die in Gemeinschaft leben. Nur zirka ein Prozent der gesamten Population besteht aus – vor allem männlichen – Einzelgängern.
Bei den Beobachtungen, die innerhalb eines Zeitraums von sieben Jahren an insgesamt etwa 1.500 Löwen im Serengeti durchgeführt wurden, stellte sich heraus, dass ein Rudel im Durchschnitt aus vier bis zwölf ausgewachsenen Weibchen, einem Dutzend Löwenjungen verschiedenen Alters und einem Bündniss von einem bis sieben ausgewachsenen Männchen zusammengesetzt ist. Es kommt sehr selten vor, dass in einem Rudel nur ein ausgewachsenes Männchen vertreten ist; andererseits wurde nie eine Gemeinschaft ausfindig gemacht, in der mehr als sieben Löwenmännchen leben. Die Anzahl der Jungen ist abhängig von den Geburten und Sterbefällen und kann daher enorm schwanken. In Ausnahmefällen ist es vorgekommen, dass ein Rudel 45 Mitglieder umfasste. Die Eigenschaften des jeweiligen Lebensraumes sowie die jahreszeitlich bedingte Verfügbarkeit von Beute haben eine lebenswichtige Bedeutung für die Größe eines Rudels. Die Innenstruktur ist flexibel, da die Gruppenmitglieder nicht ständig alle zur selben Zeit anwesend sind – das bedeutet aber nicht, dass sie aufhören, ein Teil der Gemeinschaft zu sein. Den Angelpunkt des Rudels bilden die Löwinnen, die durch Verwandtschaftsbeziehungen miteinander vereint sind: Mütter, Töchter, Schwestern, Kusinen … alle wurden in diesem bestimmten Rudel geboren, genauso wie ihre Mütter und Großmütter. Bei den im Serengeti durchgeführten Forschungen wurde nur in einem einzigen Fall beobachtet, dass ein Löwenweibchen sich an ein Rudel anschloss, ohne mit dessen Mitgliedern verwandt zu sein. Dagegen treten ähnliche Fälle häufiger im südlichen Afrika auf.

Die Löwinnen, die zum selben Rudel gehören, bleiben im Allgemeinen lebenslang zusammen und verbringen die Zeit in absoluter Harmonie. Innerhalb des Rudels gibt es keine Hierarchie; im Gegensatz zu vielen andereren in Gemeinschaft lebenden Säugetieren gibt es bei den Löwen kein dominierendes Weibchen. Dies schließt jedoch nicht aus, dass die Löwinnen diversen Modalitäten folgend verschiedene Aufgaben durchführen.
Das Territorium gehört den Weibchen, und alle Forschungen haben bewiesen, dass dies jahrzehntelang unverändert bleibt. Auf diese Weise sichern die Löwinnen das Fortbestehen der Rudel. Die Fläche der einzelnen Gebiete reicht von 15 bis 500 Quadratkilometer; im Krater von Ngorongoro zum Beispiel umfasst sie zwischen 20 und 400 Quadratkilometer, während sich im Nationalpark von Nairobi der Durchschnittswert zwischen 25 und 50 Quadratkilometern bewegt. Das Ausmaß des Reviers ist abhängig von der Art des Habitats, vom Vorhandensein von Wasser im Verlauf eines Jahres sowie dem Beutereichtum. Die volle Verfügbarkeit von Futter sichert dem Rudel Nährung zu jeglichem Zeitpunkt des Jahres – während der Regenzeit ebenso wie während der Trockenzeit. Einige Gebiete sind enorm groß, gerade damit das Vorhandensein all jener Elemente gewährleistet wird. Die Zonen der angrenzenden Rudel können übereinander liegen, da u.a. die Löwen einer Gruppe nicht in derselben Weise die Gesamtfläche des eigenen Reviers nutzen, aber einige Zonen werden bevorzugt und mit Bestimmtheit gegen jeglichen Eindringling verteidigt. Wenn die jungen Löwinnen das Reifealter erreichen, bleiben sie gewöhnlich in ihrem Geburtsterritorium. Tatsächlich haben sie gar kein Interesse daran, das Land zu verlassen, das sie dank der eigenen Mutter während der Kindheit so gut kennen gelernt haben: Sie wissen, wo sich zu jeder Jahreszeit die besten Orte zum Jagen befinden und kennen die geeigneten Plätze, um Junge zu werfen …

84
Diese Löwin hat das Rudel verlassen und trägt die größeren Jungen mit sich. Sie hält sich im Sumpfgebiet auf und vermeidet es, den neu angesiedelten Männchen zu begegnen, die sich sehr aggressiv gegenüber den Löwenjungen verhalten.

Im Allgemeinen ist zu beobachten, dass die innerhalb kleiner Rudel geborenen Weibchen sich gut in die Gruppe integrieren, sobald sie das Erwachsenenalter erreicht haben; die jungen Löwinnen, die dagegen in einer größeren Gemeinschaft zur Welt gekommen sind, haben damit einige Schwierigkeiten. Es ist wichtig, dass sich die Anzahl der verfügbaren Beute proportional zu den Rudelmitgliedern erhöht. Die ausgesiedelten Weibchen verlassen das Rudel im Alter von zirka vier Jahren. Sie ziehen endgültig aus dem Revier, in dem sie auf die Welt kamen, weg, oder gründen an dessen Grenzen bzw. in einer anderen Region ihres Geburtslandes ein neues Rudel. Die neue Gemeinschaft wird sich entweder aus verschiedenen Einzeltieren zusammensetzen oder kann aus einer Untergruppe des ursprünglichen Rudels bestehen. In diesem Fall kehren die Aussiedlerinnen notwendigerweise zum alten Rudel zurück, sobald sie brünstig werden und neue Männchen eintreffen. Die neu geformten Gruppen verlagern ihren Wirkungskreis in Gebiete, die fern von ihrem Ursprungsland liegen, um ein Aufeinandertreffen mit dem anderen Rudel zu vermeiden. Sollte Letzteres doch einmal eintreffen, so wäre das Verhalten der Tiere zueinander dennoch friedlich. Tatsächlich werden solche Begegnungen mit dem Verlauf der Monate und Jahre so selten, dass die Tiere sich am Ende wie Fremde zueinander verhalten. Einige ausgesiedelte Weibchen legen manchmal beträchtliche Strecken zurück und erreichen Gebiete, die sehr weit von ihrer Geburtsstätte entfernt sind. Die Gründe für diese Art von Abwanderungen sind noch nicht vollkommen klar; man hat jedoch festgestellt, dass Löwinnen, die ihr eigenes Territorium verlassen, erst später Jungen zur Welt bringen und kürzer leben als die im Rudel gebliebenen Weibchen. Die Entscheidung auszuwandern kommt die Löwinnen sehr teuer zu stehen. Ein weiteres Motiv, das die jungen Weibchen dazu treibt fortzugehen ist – neben der Größe des Rudels und dem Mangel an Beute – die Ankunft neuer Männchen. Wie in den folgenden Kapiteln zu lesen sein wird, ziehen es einige Löwinnen zum Schutz ihrer Jungen vor, jene zu meiden.
Im Allgemeinen werden sehr alte Löwinnen nicht aus dem Rudel vertrieben. Obwohl sie nicht mehr in der Lage sind, sich zu vermehren oder beim Jagen effektiv nützlich zu sein, bleiben sie bis zu ihrem Tode in jeder Hinsicht Mitglieder der Gruppe. Das Rudel von Bila Shaka hat eine Geschichte mit sehr unbeständigem Ablauf. Im Jahre 1977 haben sich fünf junge Löwinnen, die gerade die Reife erreicht hatten, von den ältesten Weibchen der Gruppe entfernt. Sie vereinten sich mit drei Männchen und eigneten sich einen Teil des Gebietes an, das die Marais (die „Sümpfe") miteinbezog. Es handelte sich dabei um die traditionelle Jagdzone des Rudels in der Trockenperiode. In den folgenden Jahren wiederholte sich diese Situation mehrmals – jedoch mit einigen Veränderungen. Da wären erstmal die Männchen: in einigen Zeitabschnitten gab es ein einziges Bündnis, welches die Kontrolle über das Hauptrudel sowie die Untergruppen der Sümpfe inne hatte, während zu anderen Zeitpunkten jede Gruppe autonom war und ihre eigenen Männchen besaß. Als Lieutenant und Superbe 1996 die Macht errungen hatten, lebte in der Region der Marais eine Gruppe von fünf Löwinnen ohne Männchen. Dieses Rudel – bekannt als „die Schwestern der Marais" – bestand ursprünglich aus drei Weibchen, die jeglichen Kontakt mit dem Hauptrudel vermieden. In den letzten Jahren haben die Schwestern einige Jungen geworfen, ferner haben sich der Gruppe neulich zwei weitere Löwinnen angeschlossen, die zweifellos mit den Weibchen verwandt sind. Lieutenant und Superbe behielten das Verhalten dieser Löwinnen unter Kontrolle und waren sicherlich die Väter einiger Jungen – auch wenn sie einige davon getötet haben. Das Aufziehen der Jungen bis zur Reife bereitet den Schwestern der Marais und ihren Gefährtinnen immer noch viele Probleme, da ihnen ein genau definiertes Revier sowie der konstante Schutz eines Männchenbündnisses fehlt.
Die ausgewachsenen Löwen des Rudels, die noch als „sesshafte Männchen" bezeichnet werden, haben keine Verwandtschaftbeziehungen mit den Weibchen – im Gegenteil: sie kommen manchmal von sehr weit her, um die Vorherrschaft über das Rudel zu erobern. Hierfür müssen die vorangehenden „Herrscher" vertrieben werden, wobei es zu ziemlich gewalttätigen Kämpfen kommen kann.

85
Die sesshaften Männchen des Rudels von Intrepids säubern sich gegenseitig.

Andere Male jedoch kann es vorkommen, dass der begehrte Posten bereits frei ist aufgrund des Todes älterer, sesshafter Männchen oder infolge der freiwilligen Auswanderung der Löwen, welche sich einem anderen Rudel anschließen. In besonderen Fällen kann es sich bei dem Herrschaftswechsel um einen sehr langsamen Prozess handeln. Die Neuankömmlinge lassen sich für einige Wochen oder auch länger an den Grenzen des Reviers, das sie zu erobern hoffen, nieder. Danach beginnen die Angriffe… Auch wenn man keine Gelegenheit gehabt hat, einem Kampf oder der Flucht der alten Ortsansässigen beizuwohnen, macht man eines Tages eine Entdeckung: Die neuen Männchen haben sich nahe der Löwinnen inmitten der Zone einquartiert – genau dort, wo die ehemaligen Männchen niemals einen Zugang gestattet hätten.
Die Männchen verbünden sich, da sie sich die Akzeptanz seitens des neuen Rudels in Form von Prankenhieben gewinnen müssen; ein einzelnes Exemplar hat dabei nur geringe Chancen sich durchzusetzen. Eine Koalition dauert bestenfalls zwei bis sechs Jahre, der Durchschnitt liegt bei zirka zweieinhalb Jahren. Ist dieser Zeitraum vergangen, macht sich erneut eine rivalisierende Gruppe an das Rudel heran und vertreibt die ansässigen Männchen in derselben Weise, wie jene es einige Jahre zuvor selber getan hatten. Aufgrund dieses periodischen Wechsels der Löwenmännchen wird eine Fortpflanzung zwischen Vätern und Töchtern verhindert. Wenn die Weibchen die Geschlechtsreife erreichen, d.h. im Alter von zirka drei oder vier Jahren, treffen sie auf eine neue Löwengeneration an der Rudelspitze, während ihre Väter und Onkel vertrieben worden sind.
Um die Folgen der Ankunft der neuen Bewohner in einem Rudel besser verstehen zu können, ist es notwendig zu erklären, was die jungen Männchen der Gruppe erleben, sobald sie die Reife erreicht haben. Am Anfang führen die männlichen Löwenjungen dasselbe Leben wie ihre Schwestern und Kusinen. Die „Rudelherrscher" dulden sie jedoch nur bis zum Alter von zwei oder drei Jahren; danach müssen die jungen Männchen fortziehen. Manchmal handelt es sich um eine freiwillige Entscheidung, da die Jungen merken, dass die Akzeptanz seitens der Männchen – und ab und zu auch seitens der Weibchen – immer schwächer wird. Andere Male sind es die herrschenden Männchen, die die Jungen vertreiben. In einem Rudel ist vorgekommen, dass einer der beiden männlichen Oberhäupter von Eindringlingen getötet wurde. Als einer der Söhne des überlebenden Löwen alt genug war, um das Rudel zu verlassen, kämpfte er gemeinsam mit seinem Vater (und mit Unterstützung der Weibchen), um ihm dabei zu helfen, das Revier zu behalten. Das entstandene Bündnis hielt für einige Jahre, und der Sohn hat niemals sein gebürtiges Rudel verlassen. Zweifellos handelt es sich dabei jedoch um einen außergewöhnlichen Einzelfall.
Die jungen Löwen verlassen das Rudel alleine oder manchmal in Gruppen von zwei oder drei Altersgenossen. Gewöhnlich bleiben sie am Anfang innerhalb des Gebiets, in dem sie geboren wurden, aber innerhalb kürzester Zeit werden sie zu Nomaden. Sie ziehen dorthin, wo es leichter ist, Nahrung zu finden. Gemeinsam gehen sie auf Jagd oder ernähren sich auch von Aas. Ihr Leben ist hart: Sobald sie in Gebiete sesshafter Männchen eindringen, werden sie angegriffen. Ebenso haben sie unter den Hyänen-Horden zu leiden, die ihre Beute stehlen. Wenn die Löwenmännchen ihr Rudel also nicht zu Mehreren – als Brüder und Cousins – verlassen haben, so legen sie alles daran, sich zusammenzuschließen, um starke Bündnisse zu bilden. Auch diejenigen Individuen, die das Ursprungsrudel zahlreich verlassen haben, können später die verwandschaftlichen Verbindungen brechen. In diesem Fall sind sie dazu gezwungen, andere Bündnisse mit neuen Bekanntschaften zu schließen. Wenn sie schließlich die richtigen Gefährten gefunden haben, bleiben die jungen Männchen viele Jahre lang vereint. Für das Leben eines männlichen Löwen ist ein Zeitraum von ein bis drei Jahren, den er nach seiner Jugend als Nomade verbringt, sicherlich normal. Am Ende dieses eingeschobenen Vagabundenlebens ist die Gruppe junger Nomadenlöwen bereit dafür, das männliche Element eines Rudels zu werden. In dieser Phase lauern die Löwen in der Nähe des Standrudels auf: es gilt, jegliches Zeichen von Schwäche oder Alter der Männchen, die zu entmachten sind, auszuspionieren.

86
Der sesshafte Löwe brüllt, um das Eigentum des Reviers zu markieren. Seine Stimme kann auf einer Entfernung von bis zu acht Kilometern Luftlinie gehört werden.

87
Sobald neue Männchen die Rudelführung übernommen haben, paaren sie sich mit den Weibchen. Um eine erneute Brunst hervorzurufen, werden die bei deren Ankunft anwesenden Jungen getötet.

Lange Zeit wurde angenommen, dass die Bündnisse der Löwenmännchen ausschließlich von Tieren gebildet wurden, die durch verwandschaftliche Beziehungen, d. h. als Brüder und/oder Cousins desselben Rudels, aneinander gebunden sind. Die an den Tieren durchgeführte DNA-Analyse hat jedoch bewiesen, dass fast 42 Prozent der Bündnisse zwischen den Löwen aus nicht miteinander verwandten Individuen besteht. Bei zwei Dritteln der Paare und fast der Hälfte der aus drei Tieren bestehenden Gruppen (die zwei häufigsten Bündnisse) gehören die Mitglieder nicht derselben Familie an. Lieutenant und Superbe im Rudel von Bila Shaka sind also nicht miteinander verwandt. Aber wenn man sie beobachtet, während sie sich mit Begeisterung aneinanderreiben oder gemeinsam das eigene Hab und Gut verteidigen, ist es unmöglich, sich dessen bewusst zu werden!
In der Löwengemeinschaft gibt es kein Verhältnis der Vorherrschschaft. Außer bei großem Alters- oder Größenunterschied (in diesem Fall legen die männlichen Bündnisse eine gewisse Inhomogenität an den Tag) ist Gleichheit unter den Männchen wie unter den Weibchen die Norm. Dank der DNA-Analyse ist ferner herausgekommen, dass es sich bei aus mehr als drei Männchen bestehenden Vereinigungen um Angehörige derselben Familie handelt. Deshalb ist es unnütz, nach nicht miteinander verwandten Löwen zu suchen, wenn es mehr als drei männliche Mitglieder gibt. Die verschiedenen Studien haben auch zu weiteren Schlussfolgerungen geführt: Die großen Gruppen der Löwenmännchen herrschen im Allgemeinen über die kleineren Rudel. Ferner sind die Individuen der größten Bündnisse gewöhnlich jünger als diejenigen der kleineren Gruppen, wenn es ihnen zum ersten Mal gelingt, sich die Vorherrschaft über ein Rudel zu verschaffen. In diesem Fall wird ihre Macht von längerer Dauer sein, und in der Gemeinschaft werden mehrere Weibchen zu finden sein.
Warum also verbünden sich die Einzeltiere nicht mit anderen Männchen, und weshalb bestehen die Gruppen nicht aus zwei, drei oder auch vier oder fünf Individuen? Die Bündnisse wären doch auf diese Weise stärker gegen Rivalen gewappnet, und es wäre leichter, die Kontrolle über die Weibchen zu behalten. Die Erklärung liegt wahrscheinlich in einer Art genetischem Selbstschutz: Je zahlreicher die Männchen vertreten sind, desto heftiger ist der Wettstreit um den Zugang zu den Weibchen und desto geringer sind somit die Chancen, sich zu paaren und die eigenen Gene zu übertragen. Im folgenden Kapitel werden wir das Thema Vaterschaft ausführlich behandeln. Die Rolle der Männchen und Weibchen innerhalb eines Rudels ist vollkommen verschieden. Verallgemeinernd kann man sagen, dass die Männchen das Revier des Rudels gegen Fremde verteidigen, während die Löwinnen auf Jagd gehen und die Jungen aufziehen; die Männchen verlangen später gewaltsam ihren Anteil der Beute. Die Löwen kümmern sich um die Überwachung des gesamten Reviers; sie ziehen viel mehr umher als die Löwinnen und können in einer Nacht große Strecken zurücklegen. Sie belauschen und beobachten alle möglichen Eindringlinge und gehen auf die Suche nach brünstigen Weibchen oder einer Beute, die von anderen Mitgliedern des Rudels getötet wurde. Sie grenzen das Gebiet ab, indem sie Urinstrahlen spritzen und den starken Geruch der Ausscheidungen aus den analen Drüsen auf Sträuchern, Grasbüscheln oder Baumstämmen hinterlassen. Oder sie richten den Harnstrahl auf die hinteren Pranken, während sie am Boden scharren, damit die zwischen den Zehen liegenden Drüsen wiederum einen Geruch abgeben, der jede ihrer Fortbewegungen verrät. All das trägt dazu bei, eine Grenze zu schaffen, die auch ein Mensch mit mittelmäßigem Geruchssinn in einem Abstand von ca. 5 Metern wahrnehmen kann. Jeder Löwe wird beim Vorbeigehen an dieser Zone den Hinweis zu erkennen wissen. Die Duftwolke kann einige Tage, ja sogar wochenlang anhalten und ermöglicht die Identifizierung des Geschlechts, Alters und der Größe des Tieres sowie den Zeitpunkt des Vorbeigehens. Es ist eine sehr einfache Methode, um die Informationen eines bestimmten Bezirks an andere zu übermitteln und die Beziehungen zwischen den Mitgliedern des Rudels zu verstärken. Auch die Weibchen hinterlassen Geruchsspuren, welche den Männchen ihre sexuelle Empfänglichkeit anzeigen.

Das Brüllen ist eine weitere Möglichkeit, mit der die Männchen ihre Herrschaftsposition geltend machen. Es dauert je 30 bis 40 Sekunden lang und ist kein Jagdsignal, wie man glauben könnte. In Wirklichkeit will ein brüllender Löwe den anderen Männchen der Zone zu verstehen geben, dass dieses bestimmte Gebiet sein Eigentum ist. Eine derartige „Klangmarkierung" wirkt in einem weiten Umkreis: unter günstigen Bedingungen – besonders bei hoher Luftfeuchtigkeit – kann das Brüllen noch auf einer Entfernung von über acht Kilometern Luftlinie zu hören sein. Auch die Weibchen brüllen – wenn auch in einer weniger kräftigen Art und Weise. Die verschiedenen Rudelmitglieder sind in der Lage, das Gebrüll der eigenen Gefährten wiederzuerkennen. Löwen brüllen vor allem nach der Abenddämmerung und bei Sonnenaufgang. In regelmäßigen Zeitabständen wird das Konzert die ganze Nacht über wiederholt. Den Jungen gelingt es nicht, vor dem zweiten Lebensjahr ein wahres Brüllen auszustoßen.

Diese Warnrituale (Geruchsmarkierung des Reviers und Gebrüll) verringern das Risiko eines Zusammenstoßes zwischen den Männchen des Rudels und fremden Löwen. Tatsächlich sind Konflikte um das Revier zwischen benachbarten Rudeln selten zu beobachten; es scheint, dass jedermann die Grenzen seines eigenen Territoriums gut kennt und respektiert. Falls ein Eindringling innerhalb des Reviers entdeckt wird, stürzen sich die Grundbesitzer sofort auf ihn; doch im Allgemeinen begnügen sie sich damit, den Fremdling mit dem Klang ihres Gebrülls zu vertreiben.

Selten enden die Kämpfe gegen die gelegentlichen Eindringlinge mit schweren Verletzungen. Lässt man in dem Revier einer vereinten Gruppe die Aufnahme eines brüllenden, fremden Männchens hören, bekommt man unverzüglich Antwort: die Männchen des Rudels gehen sofort auf die Suche nach demjenigen, des es wagt, in ihrem Bezirk zu brüllen. Einige der sesshaften Männchen haben sogar einen künstlichen Löwen angefallen, der in der Nähe eines Tonbandgeräts aufgestellt war. Wenn die Aufnahme nur einem einzelnen Löwen des Rudels vorgespielt wird, so nähert dieser sich an den Apparat heran – sogar falls es sich um das Gebrüll dreier Männchen handelt. Würde es sich um wirkliche Gegner handeln, so könnte sein Mut Selbstmord bedeuten. Falls die Eindringlinge jedoch nicht durch Zufall in das Revier gelangten, sondern ihr Ziel darin liegt, die herrschenden Männchen zu bedrohen, können die Zusammenstöße tödlich verlaufen. Während der Kämpfe unterstützen sich die alliierten Löwen gegenseitig; die Tatsache, dass sie nicht verwandschaftlich miteinander verbunden sind, beeinflusst nicht ihren Mut und die gegenseitige Hilfe. Bei dem Experiment mit dem Kunstlöwen konnten die Forscher nachweisen, dass nicht miteinander verwandte Gefährten genauso wie Brüder zusammenarbeiten.

Die Rolle, die die Weibchen bei der Jagd und der Aufzucht der jungen Löwen spielen, wird in den letzten Kapiteln erörtert. Obwohl die Revierverteidigung weniger zu ihrem Aufgabenbereich gehört, sind auch die Löwinnen dank ihrer Anzahl und Einheit in der Lage, fremde Männchen in die Flucht zu schlagen. Bevor Lieutenant und Superbe in das Rudel traten, konnten wir einer interessanten Szene innerhalb der Weibchengruppe von Bila Shaka Galle beiwohnen. Zu jener Zeit gab es keine Männchen in dem Rudel, doch vor einigen Wochen hatte sich ein Eindringling in der Region über den Marais angesiedelt. An dem Tag, an dem das Tier sich definitiv dazu entschloss, in das Territorium einzudringen, wurde es von den sieben Weibchen, die um das Leben ihrer Jungen besorgt waren, umzingelt. Jedes Mal, wenn der Eindringling zu fliehen versuchte, verfolgten ihn die Löwinnen und bissen ihn erbarmungslos in die Pranken und die Rückseite des Körpers. Sie zwangen ihn dazu stehenzubleiben und sich zu wenden, um sein eigenes Fell zu schützen. Die Auseinandersetzung ging einige Zeit lang weiter. Dem Löwen gelang es schließlich, schwer verletzt zu fliehen; auch zwei Weibchen sind verwundet worden, doch im Vergleich zu dem Männchen waren ihre Verletzungen von geringem Ausmaß. Zwei Tage später wurde das Tier tot aufgefunden – es war den erlittenen Verletzungen erlegen.

Die sesshaften Löwinnen verteidigen ihre bevorzugten Jagdgebiete, die Zonen, in denen sie die Jungen auf die Welt bringen sowie die Wassergruben vor den Weibchen der nahen Umgebung. Im Vergleich zu ihren männlichen Gefährten wenden die Löwinnen gegenüber den Eindringlingen vorsichtigere Strategien an. Lässt man sie zum Beispiel das auf Tonband aufgenommene Brüllen fremder Weibchen hören, so rühren sich die

Löwinnen erst, wenn sie sich in zahlenmäßiger Überlegenheit von mindestens zwei Tieren gegenüber den mutmaßlichen Angreiferinnen befinden. Sie können zählen und bevorzugen es offensichtlich, übervorsichtig zu sein.
Tatsächlich kann die zahlenmäßige Überlegenheit einen ausschlaggebenden Faktor darstellen: Im Masai-Mara geht ein Rudel, das aus nur einem oder zwei Weibchen besteht, ein sehr schwieriges Leben ein, da es die anderen Gruppen ständig meiden muss. Selten gelingt es solch kleinen Rudeln, die Jungen bis ins ausgewachsene Alter großzuziehen.
Die Mitglieder eines Rudels sind selten alle zusammen anzutreffen, im Gegenteil. Eigentlich kann man behaupten, dass es zwei Untergruppen gibt: eine männliche und eine weibliche. Die Beziehungen zwischen den Männchen können sehr stark sein, während ihr Verhältnis zu den Löwinnen niemals genauso tief gehend sein wird. Es ist zum Beispiel typisch für die Löwen, dass sie sich nicht der Säuberung der Weibchen widmen, sondern viel Zeit getrennt von der eigenen Gefährtin verbringen. Sogar wenn sie sich an demselben Ort befinden, neigen die Männchen dazu, abseits zu bleiben; dabei wird zu den Löwinnen oft einen Abstand von zirka zehn Metern Distanz gehalten.
Auch unter den Löwinnen existieren tiefe Verbindungen, die auf gegenseitiger Verwandtschaft gegründet sind. Das Weibchen zieht einige Gefährtinnen anderen vor oder beschließt, ansonsten alleine zu bleiben. Uneinigkeiten zwischen den Löwinnen sind auffälliger in Momenten, in denen sie keine Jungen in zartem Alter aufzuziehen haben; ansonsten ist ihr Zusammenhalt sehr stark. Generell gilt: Je kleiner das Rudel, desto kompakter ist die Aufstellung der Löwinnen. Die Weibchen schlafen nahe beieinander in einer Entfernung von weniger als ein oder zwei Metern Abstand und kommen dabei oft in Kontakt. Liebevolle Bezeigungen sind häufig zu beobachten. Beim Erwachen und nach einer abgeschlossenen Jagd grüßen sich die Löwinnen: Der Reihe nach senken sie den Kopf und reiben die Wange oder die Stirn gegen den Kopf der Kameradin. Der Gruß kann zu einem verlängerten und komplexeren Reiben des Halses bzw. manchmal der Flanken ausgeweitet werden, oder er bleibt – ganz im Gegenteil – nur symbolisch.
Ein Löwe, der neben einem ruhenden Gefährten vorbeigeht, neigt den Kopf, um diesen leicht zu streifen; das am Boden liegende Tier erhebt sich dagegen oder streckt den Kopf hervor, um den Gruß vorwegzunehmen. Die ausgewachsenen Männchen warten, dass die Weibchen sie zuerst grüßen; nur selten ergreifen die Löwen die Initiative – sie ziehen es vor, sich unter den männlichen Gefährten zu reiben. Wenn ein Löwe nach einer gewissen Abstinenz zu seinem Rudel zurückkehrt, kommt es oft vor, dass wahre „Anschmiege-Orgien" ausbrechen. Diese Freudebekundungen dauern einige Minuten lang, während der Neuankömmling der Reihe nach all seine Kameraden begrüßt.
Das Löwenmaul verfügt in der unter den Augen liegenden Haut über Drüsen, die eine besondere Flüssigkeit ausscheiden. Diese Ausscheidung wird bei der Reibung der Köpfe aneinander gegenseitig ausgetauscht. Wahrscheinlich wird der Geruch von allen Mitgliedern eines Rudels wiederkannt und stellt somit eine Art von „Zugehörigkeitsdokument" dar. Die Begrüßungskundgebungen sind also ein Ausdruck der Gemeinschaftsverbundenheit.
Nach dem „Gruß" folgt oft die Körperpflege. Die Oberseite der Löwenzunge ist überzogen mit hornartig gebogenen Papillen, die dazu dienen, große Fleischhappen zu ergreifen, Staub zu entfernen, Blut zu lecken sowie Parasiten zu beseitigen (bevor es diesen gelingt sich einzunisten). Mit der Zunge wird das Fell gekämmt und gleichzeitig geputzt. Es scheint beinahe, dass die Löwen gerne das Maul der eigenen Gefährten glätten, auch wenn sie sich ansonsten selten mit den anderen Körperteilen beschäftigen – mit Ausnahme der Weibchen, die sich gewohnheitsgemäß der vollständigen Reinigung ihrer Jungen widmen.
Die Gruppen- oder Gemeinschaftsreinigung ist eher unter den Löwinnen zu beobachten. Dagegen scheinen die ausgewachsenen Männchen nicht sonderlich an der Säuberung ihrer Kameraden interessiert zu sein, wie es ihre schmutzigen und zerzausten Mähnen beweisen. Abgesehen davon achten alle ausgewachsenen Löwen peinlich genau darauf, ihr eigenes Fell immer sauber zu behalten.
Wie bei allen Gemeinschaftsarten werden auch im Löwenrudel die Beziehungen zwischen den verschiedenen Mitgliedern immer feindseliger, sobald es an einem wesentlichen Element zu mangeln beginnt: der Nahrung.

88
Anieska nagt ohne böse Absichten an Aberlours Nacken. Unter den Weibchen desselben Rudels gibt es keine Vorherrschaft.

89
Die Löwenmama grüßt ihr Junges, das knapp über ein Jahr alt ist.

90
Alle ausgewachsenen Weibchen des Rudels sind in Alarmbereitschaft: in der Ferne haben sie eine beängstigende Gestalt entdeckt.

91
Die vier Löwinnen beobachten aufmerksam die Büffel, die sich vor ihnen befinden.

92
Löwen passen sich an jegliche Bedingungen an – vorausgesetzt, dass es Wasser gibt.

93
Die Weibchen des Rudels verbringen viel Zeit zusammen. Sie sind alle durch gegenseitige Verwandtschaftsbeziehungen miteinander verbunden.

94

Der Aufbruch zur Jagd beginnt mit einer Reihe von Spielen zwischen den Löwinnen. Die Jagd wird schon kommen – und kann doch auch noch warten…

95

Die Löwenjungen verfolgen sich gegenseitig und versuchen sich zu ergreifen, als ob sie eine Beute spielen würden.

96 und 97
*Es ist eine Freude, eine Löwenmama zu beobachten,
die mit den größten Jungen spielt und dabei vorführt,
wie gut sie schon in Form sind.
Das Rudel liebt diese riesigen, am Boden liegenden
Baumstämme: sie bieten einen vorzüglichen Spielplatz.*

98
Eines Tages wurde ein Löwenmännchen von Bila Shaka von den Weibchen des Rudels und dem anderen Männchen ohne ersichtlichen Grund angegriffen. Danach kehrte alles wieder zum Alten.

99
Ein Nomadenmännchen wurde von den sesshaften Löwen in einen Busch gedrängt. Die Flucht wird ihm in schwer verletztem Zustand gelingen.

100 und 101
Im Jahre 1996 verbündeten sich die Löwinnen von Bila Shaka gegen ein Männchen, das versuchte, die Führung über das Rudel zu übernehmen. Der Löwe wird aufgrund der erlittenen Verletzungen sterben.

Die Sexualität

102 links
Zwischen den einzelnen Paarungen tauschen die Löwen Zärtlichkeiten aus.

102 rechts
Bei den Löwen gibt es keine wirkliche Paarungszeit. Die Weibchen können zu jedem Zeitpunkt des Jahres brünstig werden.

104
Beim ersten Morgenlicht finden wir das Pärchen nahe dem Ort wieder, wo wir es am Vorabend verlassen hatten. Während der Paarungszeit wechseln die Löwen kaum ihren Platz.

105
„Braune Mähne" leckt zärtlich ein brünstiges Weibchen, mit dem er sich abgesondert hat.

Wir verlassen Mara für einige Wochen. Bei unserer Rückkehr vernehmen wir, dass Superbe und Lieutenant viele Male in Gesellschaft ein und desselben Weibchens gesehen worden sind. Sind die Männchen derart beharrlich, so bedeutet das, dass das Weibchen brünstig ist. Wir machen uns also auf die Suche nach den Tieren. Es sollte uns nicht schwer fallen, sie zu finden, da Paare sich nicht verstecken und ein brünstiges Weibchen auch nicht versucht, sich in einen Unterschlupf zu begeben. Doch andererseits stellen die Löwen sich auch nicht gerade zur Schau, so dass wir im Flussbett der Lagas, den Tiefen eines Dickichts oder im hohen Gras Ausschau nach ihnen halten müssen. Wir erkunden systematisch die gesamte Fläche, die die Stelle umgibt, an der die drei Löwen das letzte Mal gesehen wurden. Wir brauchen nicht lange, um sie schließlich zu entdecken: Die Tiere haben nur eine kurze Strecke zurückgelegt. Unsere Vermutung hat sich bestätigt: Aberlour liegt ausgestreckt neben Superbe, während Lieutenant – etwa fünfzig Meter weit entfernt – die beiden Gefährten neidisch zu beobachten scheint. Während wir uns annähern, beobachten uns die drei Löwen gleichgültig – so wie sie es immer zu tun pflegen. Nur ein einziges Mal wurden wir im Serengeti-Gebiet von einem männlichen Löwen angegriffen: dieser war gerade bei der Paarung, als wir just in diesem Moment nahe an ihn herankamen. Unsere Anwesenheit hatte ihn sehr aggressiv gemacht. Der Löwe stürzte sich mit Gewalt auf unseren alten Land-Rover, den wir der Oberseite der Wagentüren entledigt hatten, um bequemer unsere Aufnahmen machen zu können. Der Angriff von Attila – wie der Löwe später genannt wurde – war überraschend und verursachte uns einen gehörigen Schrecken.

In der Zwischenzeit erhebt sich Aberlour und geht zur Seite, um zu urinieren. Superbe folgt ihr in fieberhafter Suche nach ihrer Spur und schnuppert öfters an ihrem Harn. Dabei zieht er eine Grimasse: den Rachen geöffnet, die Nüstern gerümpft und alle Zähne bloßgelegt, steht er dort mit halb geschlossenen Augen. Danach reiben Männchen und Weibchen einem Vorspiel folgend die Köpfe aneinander und beschnuppern sich unter der Leiste. Das Weibchen scheint bereit zu sein, doch im letzten Moment entzieht es sich und rollt sich auf die Erde. Doch sofort richtet es sich wieder auf und trottet etwa fünfzig Meter weit, wo sie erneut alle Viere von sich streckt. Ihr Gefährte ist beharrlich, und schließlich willigt die Löwin ein. Die Paarung, die nur einige Sekunden lang dauert, kann beginnen. Aberlour protestiert lebhaft: es scheint, als wolle sie einen Gegner verängstigen. Superbe ist anfangs ruhig, stößt nun jedoch in Erwartung des ersehnten Augenblicks ein gedämpftes, verzweifeltes Miauen aus und ergreift den Nacken der Kameradin mit den Zähnen. Am Ende des Koitus versetzt Aberlour dem Löwen mit eingezogenen Krallen einen Prankenhieb, woraufhin jener schnell zurückweicht; dann legt sie sich wenige Meter entfernt nieder. Sofort kommt Superbe ihr nach. Nach zehn Minuten richten sich die Löwen wieder auf und paaren sich ein weiteres Mal. Zu Beginn einer Brunstperiode ist der Abstand zwischen den einzelnen Paarungen sehr kurz. Den ganzen Tag über hält Lieutenant Abstand und versucht nicht einmal, sich den beiden anzunähern. Wenige Meter von dem Paar entfernt tauchen einige Gnus auf, die von den Löwen jedoch ignoriert werden. Im Verlauf der Woche, die Aberlour und Superbe zusammen verbringen werden, gehen sie nicht auf die Jagd und essen sehr wenig; nur gelegentlich werden sie sich von der Beute bedienen, die die anderen Weibchen des Rudels gefangen haben. Sobald Aberlour sich entfernt, folgt Superbe ihr auf Schritt und Tritt. Die Szene wiederholt sich einige Tage lang, bis Lieutenant eines Morgens nicht zur gewohnten Verabredung erscheint. Am nächsten Tag erfahren wir den Grund dafür: Auch Anieska ist brünstig geworden, und der Löwe hat begonnen ihr nachzustellen. Am Ende werden die Paarungen zwischen Aberlour und Superbe immer seltener: die zwei Löwen scheinen uns um einiges abgemagert zu sein, und das wird wohl in der Tat so sein müssen!

Brünstige Löwinnen legen ein sehr auffälliges Geschlechtsverhalten an den Tag und widmen sich intensiv der Suche nach einem Gefährten. Im Allgemeinen fällt die Wahl auf ein Männchen desselben Rudels, aber wenn die Löwen gerade umhervagabundieren – wie es übrigens sehr oft geschieht –, können die Weibchen auch ein vorbeiziehendes Männchen oder einen Löwen eines benachbarten Rudels zum Partner wählen. Ab und zu geschieht es, dass sie sich direkt vor einem brüllenden Männchen aufstellen. Die Löwen eines Rudels paaren sich dagegen mit allen brünstigen Weibchen, die sie antreffen und vertreiben jede nicht zur Paarung bereite fremde Löwin aus dem Revier.

Sobald das brünstige Weibchen einen Löwen gefunden hat, streckt es den Schwanz in die Höhe und schmiegt sich an das Männchen heran oder wälzt sich einladend vor ihm am Boden. Der Löwe beginnt fieberhaft der Spur zu folgen, die das Weibchen im Vorbeigehen hinterlässt. Es handelt sich dabei um Ausscheidungen der analen Drüsen, die mit Harn vermischt sind. Das Männchen schnuppert wiederholt daran und richtet dann den Kopf im so genannten „Flehmen-Verhalten" auf, wobei er die Lefzen kräuselt. Jeglicher starke Geruch verursacht dieselbe Reaktion. Wie viele andere Säugetiere besitzen die Löwen ein spezifisches Organ zum Wiedererkennen von Gerüchen, das ihnen u. a. ermöglicht, den Hormonanteil und somit die Paarungsbereitschaft des Weibchens zu bestimmen. Manchmal kommt es vor, dass mehrere Männchen ein und derselben brünstigen Löwin folgen: mit zerzauster Mähne und erhobenem Schwanz laufen sie dabei aufgeregt um das Weibchen herum. Die stärksten Tiere setzen sich gegenüber den anderen durch und halten sie von der Löwin fern. Es kommt jedoch nicht vor, dass es aufgrund eines brünstigen Weibchens zu gewalttätigen Rivalitäten unter den Löwen kommt.

Sobald er sie erobert hat, verlässt der Freier seine Partnerin nicht mehr – sollte er seinen gewöhnlichen Platz einmal verlassen, so wartet etwa hundert Meter weit entfernt ein anderes Männchen darauf, ihn zu ersetzen. Sollte dies nicht der Fall sein, so macht sich das Weibchen selber auf die Suche nach einem anderen Gefährten. Es kann auch vorkommen, dass es die Löwin ist, die sich dazu entschließt, den Partner zu wechseln, falls ihr die Geschlechtstätigkeit des Männchens nicht genügen sollte.

Bei den Löwinnen gibt es keine besonderen Brunstperioden. Sie sind mehrere Male im Laufe eines Jahres zur Paarung bereit, außer während der Tragzeit und der Säugeperioden. Die Brunstzyklen sind äußerst unregelmäßig: manchmal wiederholen sie sich nach zwei oder drei Wochen, andere Male nach einigen Monaten. Ihre Häufigkeit ist abhängig vom Vorhandensein von Beute. Die Brunst kann von einem Tag bis zu mehr als einer Woche dauern; in den meisten Fällen endet sie nach zwei bis fünf Tagen. Die Weibchen eines Rudels neigen dazu, die Perioden der Zeugungsfähigkeit aufeinander abzustimmen. Vielleicht ist das deswegen möglich, weil die erste brünstige Löwin einen Geruch freilässt, der dieselbe hormonelle Reaktion bei den Gefährtinnen verursacht. Genauso gut ist es aber auch möglich, dass das Phänomen von der Produktion spezifischer Hormone seitens der Männchen abhängt. Wenn also zehn Weibchen eines Rudels gleichzeitig brünstig sind, wird eine Reihe wilder Paarungen ausgelöst, die wochenlang andauern. Während dieses Zeitraums denken die erschöpften Männchen an nichts anderes. Während unserer Beobachtungen ist es einmal passiert, dass eine solche Periode die Geburt von nicht weniger als 27 Löwenjungen zur Folge hatte.

Bei anderen Tierarten sind ähnliche Mechanismen von Synchronismus bei der weiblichen Population zu beobachten. In den Gnu-Rudeln in Ostafrika werfen z. B. zirka 80 Prozent der über drei Jahre alten Weibchen fast gleichzeitig innerhalb eines Zeitraums von drei Wochen ab Ende Januar. Wie bei allen Katzenarten wird auch bei den Löwen der Eisprung in-

106
Der geschlechtliche Dimorphismus zwischen Löwen und Löwinnen ist sehr ausgeprägt. Die Männchen sind 20 bis 50 Prozent länger, schwerer und kräftiger gebaut als die Weibchen und besitzen eine Mähne.

107
Eine brünstige Löwin zeigt ein sehr ausgeprägtes Geschlechtsverhalten. Wenn die Männchen des eigenen Rudels gerade umherziehen, wählt die Löwin einen Partner aus einem anderen Rudel oder einen Nomadenlöwen.

duktiv ausgelöst: das heisst, dass das Ei nur nach der vollzogenen Paarung vom Eierstock freigesetzt wird. Dieser Mechanismus ist besonders bei denjenigen Tierarten vorteilhaft, bei denen das Weibchen alleine lebt. Ein brünstiges Gepardenweibchen zum Beispiel hat nie die absolute Sicherheit, dass sich gerade zu diesem Zeitpunkt ein Männchen in der Umgebung befindet. Wenn keine Paarung stattfindet, wird auch kein Eisprung ausgelöst, so dass das Tier ohne weiteres in kurzer Zeit erneut brünstig sein kann. Dieses Ovulationssystem ist jedoch nicht bei Tierweibchen begründet, die in Gemeinschaft leben (wie die Löwinnen) und somit jederzeit Männchen innerhalb des Rudels zur Verfügung haben. Wahrscheinlich handelt es sich daher um einen Mechanismus, der aus einer Zeit ererbt wurde, in der die Vorfahren der Löwen als Einzeltiere lebten.

Der Phallus des Männchens ist mit stechenden Granulationen bedeckt. Das Eindringen ist schmerzlos, aber das Zurückziehen des Penis verursacht den Weibchen einen starken Schmerz, der anscheinend die Ovulation anzuregen scheint. In diesem Augenblick reagiert die Löwin auf den Schmerz, indem sie versucht, das Männchen anzugreifen – um dem Prankenhieb seiner Partnerin auszuweichen, muss sich der Löwe schnell zurückziehen.

Die Paarung dauert nur wenige Sekunden, wird jedoch öfters wiederholt: während der Brunstperiode des Weibchens etwa alle 20 Minuten. Der Durchschnitt liegt bei etwa 50 Paarungen innerhalb von 24 Stunden. George Schaller hat 360 Paarungen in acht Tagen gezählt. Nur eine Tierart, die nichts vor anderen zu fürchten hat, kann der Geschlechtstätigkeit so viel Zeit widmen. Und wovor sollten zwei sich paarende Löwen Angst haben? Auch am Ende einer derart Kräfte raubenden Periode sind sie gegenüber anderen Raubtieren nicht verletzbarer als gewöhnlich. Die Ausdauer der Männchen ist wirklich beeindruckend und ist im Laufe der Evolution sicherlich angestiegen: die natürliche Auslese hat die stärksten und widerstandsfähigsten Männchen privilegiert. Doch absurderweise scheint dieser Prozess unnötig zu sein. Trotz eines Durchschnittes von über 300 Paarungen innerhalb einer Brunstperiode wird die Löwin in Wirklichkeit nur einmal auf vier oder fünf Zyklen werfen. Letztendlich werden für einen Wurf durchschnittlich mehr als 1.000 Paarungen vollzogen. Obwohl die induktiven Eizellenleger zwangsläufig oft kopulieren müssen, da auf diese Weise die Möglichkeiten eines reflexiven Ovulationsmechanismus erhöht werden, so sind andererseits drei oder vier Tage intensiven Geschlechtsverkehrs vom Gesichtspunkt der Fortpflanzung aus betrachtet nicht unbedingt wirksam!

Die beachtlichen Leistungen der Männchen scheinen im Widerspruch zu dem Hauptmotiv der Geschlechtstätigkeit zu stehen: der Sicherung von Nachkommenschaft. Durch die ständig wiederholten Paarungen wird das Sperma immer ärmer, und nach einer gewissen Anzahl von Ejakulationen kann es vollkommen steril werden. Die Tatsache, dass die Paarungsperiode so lange dauert, ist also für die Fortpflanzung nicht besonders wichtig. Das Männchen fühlt sich dazu verpflichtet weiterzumachen, um das Weibchen an sich zu binden, das ihn interessiert. Um wirklich sicher zu sein, dass die Jungen, die geworfen werden, von ihm stammen, muss das Männchen sich während der gesamten Fruchtbarkeitsperiode mit dieser Löwin paaren. Sollte dies nicht geschehen, so wird seine Gefährtin nicht damit zögern, bis zum Ende ihrer Brunstzeit auf die Suche nach einem anderen Partner zu gehen. In diesem Fall würde der Löwe riskieren, eine Ovulation ausgelöst zu haben, ohne das Ei zu befruchten (falls sein Sperma bereits steril geworden ist). Das würde es einem anderen Männchen ermöglichen, sich statt seiner zu vermehren. Obwohl also geringe Möglichkeiten bestehen, dass der Löwe aufgrund der ständigen Paarungen das Weibchen schwängert, hindert er andere Löwen daran, seinen Platz einzunehmen.

108
Innerhalb eines Zeitraums von drei bis fünf Tagen paart sich das Männchen mit seiner Gefährtin zirka 200 Mal. Trotz dieses unglaublichen Rhythmus' ist die Wahrscheinlichkeit einer Befruchtung sehr gering.

Eine weitere Folge dieses System ist, dass das Männchen nach vielen Tagen sicherlich weniger fruchtbar ist, und falls er ein weiteres brünstiges Weibchen treffen sollte, hätte er nur geringe Chancen, dieses zu schwängern.

Sobald sich ein Männchen in einem neuen Rudel durchgesetzt hat, tötet es alle Löwenjungen, die sich zum Zeitpunkt seiner Ansiedlung noch bei den Löwinnen befinden. Wie ist ein solches Phänomen zu erklären? Im Alter von zirka sechs Jahren sind die Männchen im Vollbesitz ihrer physischen Leistungen, und nur dann haben sie Chancen, die sesshaften Löwen eines Rudels zu besiegen. Ihre Herrschaft über ein Rudel werden sie jedoch nicht lange bewahren können: Es wurde öfters beobachtet, dass nach durchschnittlich nicht mehr als zwei oder drei Jahren die Männchen von der Gruppe vertrieben werden. Man sollte nicht vergessen, dass die frei lebenden Männchen selten länger als zwölf Jahre leben und nach mehr als neun Jahren nicht mehr im Vollbesitz ihrer Kräfte sind.

Die Löwenjungen sind lange Zeit von der Mutter abhängig; außerdem kann der Zeitraum zwischen einem und dem nächsten Wurf 18 Monate bis zu zwei Jahre dauern. Würden es die neuen Männchen den Löwinnen erlauben, die Kleinen aufzuziehen, müssten sie wenigstens ein Jahr darauf warten, eigenen Nachwuchs zeugen zu können. Das würde bedeuten, die Nachkommen seiner Vorgänger und Rivalen zu verteidigen und zur Reife zu führen. Außerdem hätten sie in dem Fall keine Zeit, ihre eigenen Jungen aufzuziehen – dies würde dem Zweck der Vaterschaft und der Evolution widersprechen. Wenn sie dagegen die Jungen töten, so sind die Weibchen nach wenigen Wochen wieder zur Paarung bereit, da der Abstand zwischen den einzelnen Würfen verringert wird. Vom Herrschaftsbeginn der neuen Männchen bis zur erneuten Befruchtung der Weibchen liegt damit ein Zeitraum von etwa vier Monaten.

Der Kindesmord ist ein Phänomen, das in der Tierwelt alles andere als ungewöhnlich ist. Es tritt bei Hunderten von Arten auf, deren Männchen ausschließlich während eines beschränkten Zeitraums ihres eigenen Sexuallebens Zugang zu den Weibchen haben; der durchschnittliche Zeitraum, der zwischen den einzelnen Würfen eines Weibchens liegt, ist außerdem sehr lang. Auch bei den Nilpferden trifft dies zu: sobald die neuen, dominierenden Männchen sich ansiedeln, töten sie die Jungen.

Die Übergangszeit zwischen zwei Männchenbündnissen kann große Veränderungen innerhalb eines Rudels verursachen. Es ist wahr, dass die Löwenmütter ihre Kleinen üblicherweise kaum gegen die neu angekommen Männchen verteidigen – vielleicht einfach deshalb, weil es sich nicht lohnt. Die Kleinen sind den Müttern relativ unwichtig. Die Weibchen haben nicht viel Zeit und Energie in die Zeugung investiert und können, solange sie fruchtbar sind (d.h. etwa bis zu ihrem elften Lebensjahr) die Löwenjungen häufig und innerhalb kurzer Zeit „ersetzen". Das Risiko, dass die Jungen in jedem Fall vor ihrem ersten Lebensjahr sterben, ist sehr hoch.

Doch es stimmt auch, dass einige Mütter versuchen, ihre Kleinen vor den neuen Männchen zu verteidigen. Da sie den Löwen aber physisch unterlegen sind, haben sie bei einem Zweikampf geringe Chancen. Wenn sich die Löwinnen jedoch zusammentun, gelingt es ihnen manchmal, die eigenen Jungen zu schützen. In anderen Fällen kann es passieren, dass es den Weibchen, deren Jungen größer oder fast ausgewachsen sind, gelingt, mit ihnen zu fliehen. Danach versuchen sie jeglichen Kontakt mit den Männchen zu vermeiden. Auf diese Weise werden sie auf der eigenen Erde zu Fremden: sie fühlen sich in dem Revier nicht mehr in Sicherheit und sind gleichzeitig auch nicht in den angrenzenden Gebieten willkommen. Ab und zu kommen diese Löwinnen

109
An diesem Morgen haben sich „Schwarze Mähne“ und seine Partnerin alle sieben oder acht Minuten gepaart. Nach und nach hat sich die Häufigkeit ihrer Paarungen verringert.

wieder zu ihren alten Gefährtinnen zurück, wenn diese eine große Beute gefangen haben; doch dann lassen sie sich nicht von ihren Jungen begleiten. Ihre Absicht ist es, die Kleinen so lange zu beschützen bis sie groß genug sind, um alleine zurechtzukommen. Es kann also viele Monate oder sogar Jahre dauern, bevor alle Löwinnen eines Rudels sich erneut vereinen.

Oft wird in Reiseführern über Afrika berichtet, dass die Männchen die Kleinen töten, um bei den Löwinnen eine neue Brunst hervorzurufen. Die Weibchen seien nicht zur Paarung bereit, solange die Jungen, die sie gerade aufziehen jünger als 18 Monate sind. Diese Behauptungen sind nicht ganz korrekt. Bei der Beobachtung von Hauskatzen bemerkt man, dass die Weibchen eine neue Brunstperiode beginnen, auch wenn die Kätzchen noch nicht entwöhnt sind; und es gibt in Wirklichkeit keine besonderen Gründe, die die Löwinnen daran hindern könnten, in diesem Zusammenhang wie alle anderen Katzenarten zu reagieren. Einige in Botswana beschäftigte Forscher widmen sich seit einiger Zeit der Kot-Analyse der Löwinnen, um das Verhältnis zwischen den Fortpflanzungshormonen und dem Verhalten der Männchen zu ergründen: Wenn der Östrogenspiegel hoch ist, so nehmen die Löwen das „Flehmen-Verhalten“ an. Die Forscher vermuten, dass die Löwinnen bereits erneut brünstig werden können, bevor die Jungen vollständig entwöhnt sind. Aber es wurde auch festgestellt, dass die Weibchen nicht trächtig werden, bevor die Jungen gewachsen sind. Es handelt sich dabei um ein logisches Verhalten angesichts der enorm langen Abhängigkeit von der Mutter seitens der Jungen.

Die folgenden Tatsachen scheinen im Widerspruch zu stehen: Es ist nachgewiesen, dass die Weibchen während des gesamten Zeitraums, in dem sie die Kleinen aufziehen, nur geringes Interesse gegenüber den Männchen zeigen und sie bei dem Versuch zu kopulieren zurückweisen. Trotzdem werden die Weibchen niemals von den Löwen verlassen, auch wenn die Wahrscheinlichkeit einer Paarung sehr gering ist. Ein allein lebendes Weibchen kann zur Paarung einwilligen (die in dem Fall jedoch nicht länger als einen Tag dauert), doch der Eisprung wird dabei mit Sicherheit nicht ausgelöst.

Es ist daher also möglich, dass die Löwinnen viel früher als bislang angenommen brünstig werden, jedoch ohne dass dabei die Möglichkeit besteht, schwanger zu werden. Aus diesem Grund vermutet man, dass sie nicht in der Lage sind, die Hormonbotschaften zu empfangen, solange die Jungen noch mutterabhängig sind. Berücksichtigt man diese Hypothese, ergibt sich eine etwas andere Begründung für den Kindesmord, auch wenn das Ergebnis – d. h. die Vaterschaft der neuen Männchen – natürlich identisch bleibt. Die Löwen müssen demnach die Tierjungen töten, damit die Weibchen erneut fruchtbar werden. In diesem Zusammenhang haben die Forscher oft beobachtet, dass die Löwinnen bei der Ankunft neuer Männchen in eine Periode sehr reger sexueller Tätigkeit treten und überall nach Partnern suchen. Dabei könnte sich um eine Art von Zeitgewinnung handeln, um dem Bündnis der kräftigsten Männchen zu ermöglichen, das Rudel zu identifizieren und sich durchzusetzen. Unabhängig davon bleibt die Tatsache bestehen, dass die Löwinnen in dem unmittelbar darauffolgenden Zeitraum in keinem Fall schwanger werden. Es kann zahlreiche Gründe dafür geben. Auf jeden Fall führen – auch wenn kein Männchenwechsel stattfindet – nicht alle Paarungen unbedingt zu einem positiven Ergebnis. Außerdem kann die Aufregung der Weibchen, die bei dem Versuch, ihre Jungen gegen die neuen Männchen zu verteidigen, sich selber in Gefahr bege-

ben, zur Ausschüttung von Stresshormonen führen. Letztere wirken jedoch als Antagonisten bei der Produktion der Hormone, die für die Ovulation notwendig sind. Die Weibchen wären somit brünstig, ohne dass der Eisprung ausgelöst wird.

Einige Löwen zeugen zahlreiche Nachkommen, während andere nach ihrem Tode wenige oder keine Erben hinterlassen. Die Forschungen haben ergeben, dass ein Männchen, welches einer großen Gruppe angehört, statistisch gesehen eine reichere Nachkommenschaft hat als ein Mitglied eines kleineren Bündnisses. Es handelt sich dabei um Durchschnittswerte, die innerhalb eines Rudels pro Individuum errechnet wurden; die wirkliche Vaterschaft wurde in dem Fall nicht berücksichtigt. Tatsächlich haben die Forscher am Ende ihrer DNA-Analysen festgestellt, dass die Männchen, die derselben Gruppe angehören, eine verschiedene Anzahl von Nachkommen haben. Wenn ein Löwe als erster auf ein brünstiges Weibchen trifft, bewacht er es eifersüchtig und paart sich ständig mit ihm.

Die Tatsache, dass die Löwinnen eines Rudels oft zur selben Zeit brünstig sind, ermöglicht sicherlich eine gerechte Verteilung der Vaterschaft. Dennoch scheint in einigen Fällen (zum Beispiel im Okavango) die Gleichzeitigkeit der Brunstperioden nicht immer die Regel zu sein. Verschiedene Forschungen haben erwiesen, dass in Gruppen von mindestens drei Männchen keine gerechte Aufteilung der Vaterschaften existiert: Tatsächlich sind es in diesem Fall fast immer dieselben Männchen, die für die Mehrzahl der Befruchtungen verantwortlich sind. Solange angenommen wurde, dass die Männchen eines Rudels miteinander verwandt sind, hat diese Situation keine großen Probleme erweckt. Tatsächlich wäre es für die einzelnen Löwen von großem Vorteil, das Territorium gemeinsam zu verteidigen, um den Kleinen das Aufwachsen zu ermöglichen. Dieser angewandte Altruismus würde belohnt werden mit der Bewahrung der Familiengene. Seitdem man jedoch herausgefunden hat, dass auch nicht miteinander verwandte Männchen Bündnisse bilden, fragt man sich, welches – vom Gesichtspunkt der Fortpflanzung aus betrachtet – das Motiv dafür ist. Einige Löwen verzichten auf die eigene Vaterschaft und investieren die gesamte Energie darauf, die Jungen anderer Männchen zu bewachen und aufzuziehen; weitere Löwen vereinen sich und erwerben den Zutritt in ein Rudel – und somit zu den Weibchen, wozu sie alleine nicht imstande wären… Aber wozu? Nur bei Koalitionen, die aus zwei Männchen bestehen, wird das Kriterium von Gleichheit erfüllt: Beide Löwen sind gleichermaßen an der Zeugung beteiligt. Auf diese Weise treten sie miteinander nicht in Konflikt, auch wenn sie keine Verwandten sind. Dreierbündnisse von nicht miteinander verwandten Löwen treten sehr häufig auf, obwohl die Vaterschaften in diesem Fall ungleich verteilt sind – eine Tatsache, die der Evolutionstheorie Darwins widerspricht, aber andererseits erklärt, warum die Bündnisse zwischen nicht verwandten Individuen sich auf drei Exemplare beschränken.

Lange Zeit wurde angenommen, dass die Männchen eines Rudels Väter von allen Löwenjungen seien. Man hielt dies für eine gültige Bestätigung dafür, dass die Vorteile, die die Löwen erhielten, wenn sie sich an die Führungsposition eines Rudels aufsetzten, gegenüber den damit einhergehenden Risiken überwiegten. Im Okavango wurde dagegen öfters beobachtet, dass die Jungen keinerlei Verwandtschaftbeziehung zu den ansässigen Männchen hatten. Die Forschungen werden derzeit noch weitergeführt.

Ein weitere Frage werfen die Weibchen auf, welche bereits schwanger sind, wenn neue Männchen die Macht über das Rudel erobern. In einigen Fällen können natürliche Fehlge-

110
Die beiden Geliebten ruhen sich gelassen zwischen einer und der anderen Paarung aus. Sie werden einige Tage lang weder fressen noch auf Jagd gehen.

111
Dieses Pärchen von dem Rudel Bila Shaka ignoriert vollkommen die Gazellen, die die beiden Löwen ein wenig beunruhigt beobachten.

112
Die Löwin ist brünstig, hat sich jedoch noch nicht zur Paarung entschlossen. Bevor sie schließlich nachgeben wird, weist sie die Annäherungen des Männchens hartnäckig zurück.

113
Die Paarung endet in einer ziemlich brüsken Art und Weise. „Schwarze Mähne" trennt sich rasch von dem Weibchen, welches klare Zeichen von Aggressivität erkennen lässt.

burten auftreten, doch einige Forscher sind der Meinung, dass die Löwinnen eine weitere Brunst vortäuschen können, um sich mit den Neulingen zu paaren. Ein solches Verhalten ist auch unter den Primaten zu beobachten. Das Ziel ist dabei, die Männchen zu täuschen und sie glauben zu lassen, dass die zur Welt kommenden Jungen ihre eigenen seien. In diesem Fall würde es sich um eine List handeln, die angewandt wird, um die Kindestötung zu verhindern. Einfacher anzunehmen wäre, dass die Produktion eines hohen Östrogenspiegels gegen das Ende einer Schwangerschaft die Männchen glauben lassen könnte, dass das Weibchen brünstig sei. Je mehr diese Löwinnen also zur Paarung bereit sind, desto eher werden die geworfenen Jungen von den neuen Löwen wie ihre eigenen angenommen.

Über das Leben der Nomadenmännchen ist teilweise noch wenig bekannt – auf diesem Gebiet muss noch vieles erforscht werden. Gelegentlich folgen die Nomadenlöwen den einsamen Weibchen bzw. denjenigen, die zu einem Rudel gehören, tage- oder wochenlang. Indem sie die Löwinnen auf der Jagd begleiten, sichern sie sich manch eine Mahlzeit. Die Nomaden paaren sich auch mit allen brünstigen Weibchen, die sie während ihres Umherziehens treffen. Darunter sind auch diejenigen Löwinnen, die Mitglieder eines bereits bestehenden Rudels sind. Die Nomadenlöwen führen sicherlich kein leichtes Leben: Oft müssen sie alleine jagen, und jedesmal, wenn sie ein Territorium betreten, laufen sie Gefahr, von den dort herrschenden Löwen angegriffen zu werden. Im Allgemeinen werden die Löwen zu Nomaden, sobald sie ausgewachsen sind und nachdem sie von einem anderen Löwen aus ihrem Rudel vertrieben wurden. Mit ein wenig Glück gelingt es dem jungen Löwen, ein neues Rudel zu finden.

Ein alter Löwen dagegen bleibt immer alleine und muss notgedrungen selber jagen. Andernfalls ist er gezwungen, ständig mit den Hyänen zu kämpfen, um ihnen die Beute anderer Raubtiere streitig zu machen. Viele werden verwundet und zahlreiche andere getötet, wie es z. B. im Masai-Mara geschieht, wo sie sich von den Herden der Masai anlocken lassen. Trotz der Schwierigkeiten bleiben einige Männchen ihr ganzes Leben lang Nomaden. Handelt es sich um eine bewusste Wahl, oder hatten sie nie die Kraft oder die Gelegenheit gehabt, sesshaft zu werden? Es ist schwierig, darauf eine Antwort zu geben. Es ist auch problematisch festzustellen, ob diese Löwen Nachkommenschaft hinterlassen.

Die Nomadenmännchen haben vom genetischen Gesichtspunkt aus betrachtet eine große Bedeutung, da sie oft Vermittler zwischen weit voneinander entfernten Populationen sind und eine Zirkulation der Gene ermöglichen. Auf diese Weise wird eine exzessive Blutsverwandtschaft innerhalb der Rudel vermieden.

Einige Forscher fragen sich, warum die Männchen nicht das Rudel verlassen, wenn die jungen Löwen das erste Lebensjahr überschritten haben, d. h. die Gefahr der Kindestötung nicht mehr besteht. Die Löwen könnten die Jungen der Obhut der Mütter anvertrauen und sich anderswo ansiedeln. Tatsächlich sind solche Situationen in der Serengeti, im Kruger und im Okavango eingetroffen: Dort haben die Männchen die Löwinnen der nahe gelegenen Rudel erreicht und neue Generationen gegründet. In allen anderen Fällen neigen die sesshaften Männchen dazu, bis an die Grenzen des eigenen Reviers vorzudringen, um andere Weibchen zu finden, mit denen sie sich paaren können. Einige Löwen herrschen gleichzeitig über zwei Rudel. Im Allgemeinen neigen alle Männchen dazu, ihre eigene Herrschaft auszuweiten.

114
Das Männchen schnuppert am Harn des Weibchens und kräuselt die Lefzen zu einer charakteristischen Grimasse. Auf diese Weise erkundet es den Hormonspiegel im Urin.

115
Der Regen kann den Eifer des Pärchens nicht bändigen. Am Ende der Paarung zögert das Weibchen nicht, ihrem Partner einen kräftigen Prankenhieb zu versetzen.

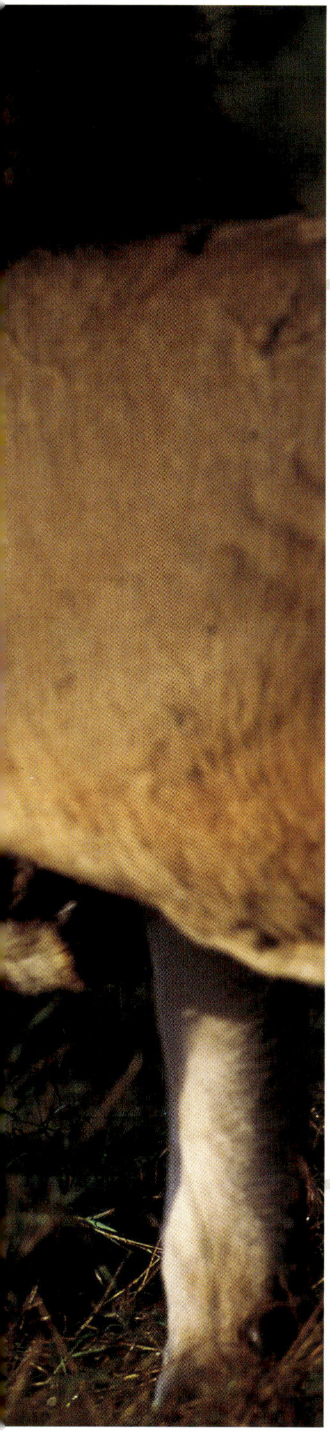

116 und 117
Diese Löwin denkt im Moment nicht daran, sich zu paaren, und macht dies dem Männchen unmissverständlich klar.

118
„Schwarze Mähne" folgt seiner Gefährtin Schritt für Schritt, wobei er ständig an ihrem Geruch schnuppert.

119
Während der Paarung, die nur wenige Augenblicke lang dauert, ergreift „Schwarze Mähne" den Nacken seiner Partnerin mit den Zähnen. Anfangs bleibt er ruhig, doch gegen Ende gibt er eine Art Miauen von sich.

120
Anieska ist nicht mehr brünstig und will zu ihren Gefährtinnen zurückkehren. Sie lauscht den Rufen, um zu verstehen, in welche Richtung sie gehen muss.

121
Aufgrund der Häufigkeit seiner Paarungen wurde der Löwe bei vielen afrikanischen Stämmen zum Symbol von Kraft und Männlichkeit.

Die Familie und die Erziehung der jungen Löwen

122
Drei Löwinnen von Bila Shaka haben ihre Jungen alleine gelassen, um auf Jagd zu gehen. Die Tatsache, dass die Weibchen innerhalb eines Rudels fast zur selben Zeit Junge werfen, erhöht deren Überlebenschancen.

124
Diese jungen Männchen wurden von den sesshaften Löwen verjagt und haben ihr ursprüngliches Rudel verlassen. Sie ziehen noch auf dem vertrauten Gebiet umher.

125
Löwinnen werfen durchschnittlich zwei bis fünf Jungen, aber die Sterblichkeitsrate bis zum ersten Lebensjahr der Kleinen ist sehr hoch.

Gesellschaft… Im vergangenen Winter hatte Elma ihre Jungen geworfen, und nun waren diese etwa sechs Monate alt. Die Weibchen verbrachten einen großen Teil des Tages am Ufer des Lagas. Mit den ersten, vom Serengeti herkommenden Gnus begann für die Löwen die Zeit der großen Bankette. Die Migration der Gnus spielt eine wesentliche Rolle für das Überleben der Löwenjungen, da die Mütter, wenn sie gut genährt sind, mehr Milch erzeugen. Superbe und Lieutenant schliefen neben dem Rudel. Die kleinsten Löwenjungen saugten gierig die Milch und brummten dabei. Champagne war müde und drängte die Kleinen weg, die sich daraufhin verärgert am Boden ausstreckten. Sie waren erst seit kurzem Mitglieder des Rudels. Wir konnten Aberlour und Anieska nirgendwo entdecken. Die Tage verbrachten wir in der Nähe des Rudels, das wir am Abend verließen, um am frühen Morgen wieder zurückzukehren. Während der Nacht gingen die Weibchen nicht allzu weit weg und kehrten sehr früh morgens wieder zurück, oder sie waren bei unserer Ankunft bereits wieder eingetroffen. Die Jungen von Elma waren schon fast entwöhnt, doch es gelang ihnen, regelmäßig bei Champagne oder Krishna zu saugen – die neu geworfenen Löwenjungen protestierten in dem Fall lebhaft und verteidigten mit einer für ihr Alter überraschenden Verbissenheit die eigene Position. Die beiden Mütter ließen die jungen Löwen einige Augenblicke lang an den Brustwarzen saugen, bevor sie sie zurückdrängten. Am Morgen des vierten Tages brachen wir auf, um nach den zwei fehlenden Löwinnen zu suchen, wobei wir den See in Richtung des Sumpfes inspizierten. Plötzlich erblickten wir ein Weibchen mit stark angeschwollenen Eutern und dunkleren Ringen um den Brustwarzenhof. Es war Aberlour. Wir folgten ihr mit Abstand, während sie uns zu einer Schlucht in die Nähe eines Verstecks führte, das wir gut kannten: Wir hatten dort viel Zeit verbracht, als Princesse vor drei Jahren den Unterschlupf ausgesucht hatte, um ihren Wurf in Sicherheit zu bringen. Nur in seltenen Fällen entfernen sich die Löwinnen des Bila-Shaka-Rudels aus den Zonen ihres Reviers, um die Kleinen ans Licht der Welt zu bringen. Hier gibt es viele ruhige Orte, um die Löwenjungen zu verstecken.

Wir parkten unser Fahrzeug wenige Meter von Aberlour entfernt, um sie aus der Ferne zu beobachten. Ab und zu erblickten wir vier kleine, rotblonde Flecken: auch wenn unsere Stellung kein idealer Beobachtungspunkt war, konnten wir feststellen, dass die Jungen ungefähr drei Wochen alt waren. Aberlour hatte sich hingelegt und ließ sie saugen. Jedesmal, wenn sie sich umdrehte, fragten wir uns, wie sie es anstellte, die Kleinen nicht unter ihrem Gewicht zu zerquetschen – doch da lugten die kleinen Mäuler schon wieder auf der anderen Seite hervor! Dem Graben näherte sich ein weiteres Fahrzeug, dessen Passagiere wohl etwas zu erblicken hofften. Das Fahrzeug war jedoch zu unerwartet aufgetaucht: Aberlour hatte sich wieder aufgerichtet und zeigte in sehr aggressiver Haltung die Zähne. Es war sicherlich nicht der beste Zeitpunkt, um näher heranzukommen!
Auch Anieska hätte hier irgendwo mit ihren Kleinen sein müssen – vorausgesetzt, es war ihr nichts zugestoßen. Sie hatte sich kurz nach ihren Gefährtinnen gepaart und müsste in den vergangenen Wochen Junge geworfen haben. Die Tage vergingen, und wir verbrachten einen Teil unserer Zeit nahe Aberlour und den anderen in der Nähe des Rudels. Nachts ging Aberlour auf Jagd und ließ die Jungen alleine, ohne Schutz. Manchmal vereinte sie sich mit ihren Gefährtinnen – für einen Hinterhalt – oder ging auf die Jagd nach den zahlreichen Gnus in der nahen Zone, immer alleine. Eines Morgens folgten wir bei Sonnenaufgang einigen Hyänen, die sich dem Versteck der Löwenjungen näherten. Keine Spur von Aberlour, die noch nicht von ihren nächtlichen Raubzügen zurückgekehrt war! Wir wussten, dass wir nicht eingreifen sollten, waren aber um das Heil der Kleinen besorgt. Die Hyänen kamen sehr nahe an die Jungen heran und begannen, die Spuren um das Versteck herum zu beschnuppern. Es hätte sicherlich nicht lange gedauert, bis sie die Löwenjungen entdeckt hätten, aber zum Glück stieg gerade in diesem Moment Aberlour rasch aus dem Flussbett des Laga empor. Sie stürzte sich auf die Hyänen und verscheuchte sie; danach machte sie sich daran, ihre gesund und munter gebliebenen Jungen kräftig zu lecken. Natürlich zwang sie dieser Vorfall dazu, das Versteck zu wechseln: Am näch-

126 und 127
Dieses Löwenjunge ist das einzig Überlebende des ganzen Wurfs. Es wird bald in das Rudel eingegliedert, doch dort sind alle anderen Jungen bereits viel größer. Das Kleine hat daher eher geringe Überlebenschancen.

sten Tag gab es dort keine Spur mehr von den Löwen. Einige Kameramänner meldeten uns, dass die Tiere etwa einen Kilometer weit entfernt waren. Genauso wie bei den Löwinnen ist es auch bei den Weibchen der Hyänen, Geparden und Leoparden üblich, die eigenen Kleinen von einem Versteck in das andere zu transportieren, um sie vor den Angriffen anderer Raubtiere zu schützen. Würden sie diese Vorsichtsmaßnahme nicht treffen, würden die Fleischfresser zweifellos vom Geruch, der sich nach wenigen Tagen an dem Ort staut, sowie von den Spuren um das Versteck herum angezogen werden.

Es vergingen einige Tage. Das Rudel blieb immer in derselben geographischen Zone, ohne sich je zu weit zu entfernen. Zu jener Zeit gab es nichts, was den Löwen Sorgen bereiten könnte: Die Jungen waren in Sicherheit, und die Jagd lief sehr zufriedenstellend: Gnus und Zebras bildeten das Hauptmenü. Nach dem letzten „Umzug" brachte Aberlour ihre Kleinen in eine Zone des Lagas, in der eine Büffelherde verkehrte. Bei unserer Ankunft gab es dort immer einige der Tiere. Das Verhältnis zwischen den Büffeln und den Raubkatzen des Rudels war geprägt von Zusammenstößen: Einmal war es ein junger, kranker Büffel, der unter die Krallen von Superbe gelangt war, ein anderes Mal war es ein alter Büffel, der nach einer tapferen Schlacht und heftigem Widerstand nachts von der Gruppe der Löwinnen getötet wurde.

An diesem Tag sollte es eines der Löwenjungen treffen! Als die Herde sich näherte, lag Aberlour ausgestreckt unten am See. Das überraschte Weibchen hatte die Büffel nicht heranrücken gehört und flüchtete sich schnell auf einen nahe gelegenen Baum. Drei ihrer Jungen schafften es, sich unter einem Baumstumpf zu verstecken, aber das vierte hatte weniger Glück. Die Hufenlawine riss das Junge fort, schleuderte es in die Luft und ließ es leblos wieder zu Boden fallen. Der Tumult dauerte nur wenige Augenblicke – aber es war erschütternd.

Die Löwenjungen von Champagne und Krishna wuchsen schnell und lernten, sich zu vergnügen, indem sie immer öfters zusammen spielten. Die Kleinen waren sehr niedlich mit ihrem fleckigem Fell und ihren wachen und schelmischen Äuglein. Eines schönen Morgens erblickten wir unter dem Rudel Aberlour. Sie war mit den Kleinen zu ihren Gefährtinnen zurückgekehrt. Insgesamt gab es acht Löwenjungen in dem Rudel. Den größten davon erlaubte es Aberlour anfangs nicht, sich zu sehr an ihre Kleinen anzunähern, da diese sich erst noch an die neue Umgebung gewöhnen mussten. Doch viel Zeit war dafür nicht notwendig: die Jungen fühlten sich sehr wohl mit den neuen Kameraden. Alle täglichen Aktivitäten des Rudels waren auf die „Kinderkrippe" zentriert, einem bequemen Treffpunkt für alle Mitglieder der Gruppe. Eines Morgens boten uns Aberlour, Champagne und Krishna ein süßes Schauspiel, indem sie direkt vor unseren Augen ihre acht Jungen in das goldene Morgenlicht transportierten. Die erste war Champagne: Sie ergriff eines der Kleinen mit dem Maul und richtete sich gen Süden. Das Löwenjunge protestierte: Es war bereits groß genug und wollte nicht beim Tragen durchgeschüttelt werden. Da das Gras jedoch zu hoch war, wäre das Kleine gar nicht in der Lage gewesen, sich alleine auf dem Terrain zu orientieren. Aberlour folgte ihrer Gefährtin mit dem ersten Jungen. Als Letzte machte sich Krishna auf den Weg. Wir warteten. Nachdem etwa zehn Minuten vergangen waren, kehrten die Mütter zurück und ergriffen je ein weiteres Junges. Elma und Princesse beobachteten die beschäftigten Gefährtinnen, während sie selber bei den anderen Löwenjungen zurückblieben, um sie zu bewachen. Beim dritten Durchgang beschlossen wir, dem Zug zu folgen. Das ganze Rudel war in ein neues Gebiet gezogen, wo der Laga von großen Bäumen gesäumt wurde. Dort waren sie alle! Bei den Löwinnen ist dies nicht immer zu erwarten. Schon oft konnten wir beobachten, dass sie einen oder zwei Kleine vergessen hatten. Die können wirklich nicht zählen! In der vorherigen Woche waren einige Filmregisseure während der Aufnahmen eines anderen Rudels Zeugen einer solchen Situation geworden. Die Mutter von drei etwa zehn Wochen alten Jungen hatte entschieden, die Kleinen von einer Buschzone in eine andere zu verlegen. Sie forderte die Kleinen mit kurzen, liebevollen Lockrufen dazu auf, ihr zu folgen. Als ihr klar wurde, dass der Umzug sich zu langsam fortbewegte, folgten einige strengere Ermutigungen. Eines der Jungen war aber zurückgeblieben und kehrte nun – den eigenen Spuren folgend – zurück in das anfängliche Versteck. Der kleine Löwe stieß lautes Miauen von sich, das mit der Zeit immer verzweifelter wurde – aber die Mutter war bereits weit entfernt. Als sie mit der kleinen

Gruppe das Ziel erreicht hatte, machte sie es sich dort in aller Ruhe gemütlich und schlief mit den beiden Jungen ein. Die Löwin war zu weit weg, um die verzweifelten Rufe des verlassenen Kleinen hören zu können. Schließlich schlief auch der kleine Waise ein. Am Nachmittag begann er sich wieder zu beklagen. Die Filmregisseure beschlossen, ihn die Rufe der Mutter hören zu lassen, die sie am Vormittag auf Tonband aufgenommen hatten; gleichzeitig gingen sie langsam in Richtung der Löwin. Die List war erfolgreich: dem Löwenjungen gelang es, die Mutter wiederzufinden. Ein erfreulicher Epilog unter den vielen Geschichten, die nicht so glücklich verlaufen. Es kommt auch vor, dass eine Löwin, nachdem sie von der Jagd zurückgekehrt ist, viele Stunden braucht, um den Ort wiederzufinden, wo sie die Kleinen zuletzt gelassen hat.

Das Rudel lebte gerade eine ruhige Periode. Lucia, eine der Löwinnen, wurde nicht mehr wiedergesehen, aber dafür verbrachten Superbe und Lieutenant fast ihre gesamte Zeit mit den Löwinnen und den Jungen – eine Tatsache, die bei den sesshaften Männchen nicht immer zu beobachten ist. Viele von ihnen bleiben weiterhin von der Gruppe der Weibchen unabhängig. Die Löwenjungen neckten die beiden Männchen oft, indem sie ihnen auf den Rücken sprangen und mit ihrem Schwanz spielten. Die stolzen „Herrscher“ ärgerten sich jedoch nicht und ließen die Kleinen spielen. Tagsüber waren die gut genährten, quicklebendigen Löwenjungen viel aktiver als die Erwachsenen. Um so besser für uns! Die Kleinsten von ihnen waren ständig damit beschäftigt, sich zu jagen und zu beißen, Pfotenhiebe auszuteilen und sich gegenseitig zu lecken. Sie sprangen den ausgewachsenen Löwen auf den Rücken und wurden von diesen dann auf den Boden fallengelassen. Der beliebteste Zeitvertreib der Kleinen war es, sich mit dem in die Erde gepressten Mäulchen hinter einem Felsen oder einem Busch zu verstecken und abzuwarten, dass einer der Brüder vorbeiging; dann folgte ein plötzlicher Sprung, und der überraschte Gegner wurde – natürlich mit dem Kopf nach unten – zu Boden geworfen. Die Kleinen kämpfen miteinander und schmiegen sich danach aneinander. Unweit davon entfernt ringt ein bereits größeres Junges heftig mit einem Grasbusch: es beißt ihn, packt ihn mit den Krallen, schüttelt ihn, läuft weg und nimmt dann Anlauf, um sich zum erneuten Angriff auf den Feind zu stürzen. Mit den Weibchen gehen die Jungen jedoch sanfter um, und wenn die kleinen Löwinnen auf dem Boden ausgestreckt sind, lecken sie ihnen die Mundwinkel und schmiegen sich dabei an sie.

Die frenetische Aktivität, die die Kleinen in Anwesenheit der Erwachsenen an den Tag legen, verschwindet jedoch vollständig, wenn die Großen nicht da sind: Die Jungen rühren sich dann nicht und bleiben ruhig. Die ausgewachsenen Löwen nahmen nur Elmas Junge mit auf die Jagd und ließen die Kleinsten fast immer alleine zurück. Nicht immer stand ein Babysitter zur Verfügung, um sich ihrer anzunehmen. Die Löwenjungen blieben bis zur Rückkehr der Großen in ihrem Versteck.

Eines Tages tauchte auch endlich wieder Anieska auf! Sie hatte zwei kleine, niedliche Fellkugeln mit dabei. Die anderen Löwinnen hatten sie mit großen Zungenschlägen willkommen geheißen. Ohne den Wildkatzen unsere Gefühle unterstellen zu wollen – doch in solchen Momenten möchte man sie einfach als sich wiedergefundene Freunde bezeichnen! In jener Periode fanden die Treibjagden selten weit vom Laga entfernt statt, doch ab und zu kehrten die Löwinnen spät von den nächtlichen Raubzügen wieder, und es war wundervoll zu sehen, wie freudig sie bei ihrer Rückkehr von den Jungen begrüßt wurden: Die Kleinen stürzten sich auf die Mütter, wobei sie eindringlich miauten und aus Hunger protestierten! Wenn eine Löwin früher als die anderen zurückkam, entfachte sich eine wahre Rauferei um die Eroberung der Euter. Alle Löwenjungen – ihre eigenen und die der anderen Weibchen – stürzten sich auf sie. Die Kleinsten von Anieska waren nicht in der Lage, sich durchzusetzen und wurden sofort von dem Wettkampf ausgeschlossen, während die übrigen Jungen sich mit hohen Schreien in das Gewühl warfen. Die Löwin schaffte es nicht, lange Widerstand zu leisten und musste sich schließlich bäuchlings auf die Erde legen. Sie fletschte die Zähne und versuchte den Stößen, Bissen und Pfotenhieben auszuweichen. Einige der Jungen versuchten sogar, den Boden um den Bauch herum auszugraben, um eine Brustwarze zu ergreifen! Erst als die anderen Mütter wiedergekehrt waren, beruhigte sich die Lage.

128
Bei ihrer Rückkehr von der Jagd wird die Löwin warmherzig von ihren Jungen empfangen.

129
Dieses Löwenjunge saugt mit derartigem Eifer an der Brustwarze, dass es sich am Ende überschlagen wird. Im Alter von etwa 6 Monaten beginnt seine Entwöhnung.

Die Löwenjungen von der Geburt bis zur Reife

Der Abstand zwischen einem Wurf und dem anderen beträgt im Durchschnitt 18 Monate, während die eher kurze Tragzeit zwischen 102 und 110 Tagen variiert. In der Natur ist es oft schwierig, den Unterschied zwischen einem trächtigen Weibchen und einem, das reichlich gefressen hat, zu bemerken: Man muss warten, bis die Euter von der Milch anzuschwellen beginnen. Wenn sich der Augenblick des Werfens nähert, entfernt sich die Mutter, um die Jungen an einem geschützten Ort ans Licht der Welt zu bringen: einer Felsenschlucht, im Dickicht, zwischen hohen Gräsern oder in einem trockenen Flussbett. Jeder Wurf besteht durchschnittlich aus zwei bis vier winzigen, flauschigen Tieren mit geschlossenen Äuglein, die ungefähr zwei Kilogramm wiegen. Die Augen öffnen sich innerhalb der ersten zehn bis 15 Tage. Während des Säugens geht es oft sehr stürmisch zu, da die Löwenjungen die errungene Brustwarze um jeden Preis verteidigen. Es wird jedoch niemand bevorzugt; die Kleinen wechseln sich jedes Mal ab. Im Verlauf der ersten Wochen ist die Mutter ständig auf der Hut und verhält sich gegenüber den Jungen sehr beschützend. Mit größter Vorsicht wechselt sie alle drei oder vier Tage das Versteck. Dabei werden die Jungen sanft am Nacken ergriffen und der Reihe nach an den neuen Ort transportiert. Die Milchzähne beginnen nach etwa drei Wochen zu wachsen, wenn die Jungen bereits alleine ihre ersten kleinen Ausflüge unternehmen. Später, mit zirka sechs Wochen, flitzen sie um ihren Schlupfwinkel herum und beginnen, die erste feste Nahrung zu probieren, indem sie kleine Bissen von der Beute der Mutter abreißen. Am Ende dieser Periode bringt das Weibchen sie in die Gruppe der anderen Gefährtinnen. Der geeignetste Zeitpunkt für diesen Umzug ist abhängig von den Beziehungen der Weibchen untereinander und kann daher von Fall zu Fall variieren; wenn die Bindungen sehr stark sind, werden die Löwenjungen ein wenig früher in das Rudel eingeführt. Während der ersten Tage wacht die Mutter über die Kleinen und hindert alle anderen zähnefletschend daran, sich der Brut zu nähern. Sobald die Periode der Eingliederung endet, teilen die Kleinen ihre Erfahrungen mit den Erwachsenen und den anderen Löwenjungen. Da die Weibchen eines Rudels oft beinahe zur selben Zeit werfen, gibt es mehrere Löwenbabys desselben Alters, die zusammen aufwachsen. Damit die Aufzucht der Kleinen einfacher und gefahrloser verläuft, schaffen die Mütter eine Art von „Kinderkrippe". Diese wird zum Zentrum des Rudellebens und erleichtert es den Mitgliedern, zusammen zur Jagd aufzubrechen. Die gemeinschaftliche Erziehung bietet den Jungen einen Vorteil: sie können auch von anderen Müttern statt von der eigenen gesäugt werden. Forscher haben beobachtet, dass jedes Junge bei fast allen Löwenmüttern des Rudels gesäugt werden kann; falls ein Junges außerdem zum Waisen werden sollte, wird es von einer anderen Löwin adoptiert und aufgezogen. Ein derartiges soziales Verhalten ist typisch für diese Tierart und hat dazu beigetragen, ein Bild von der außergewöhnlichen Kooperationsfähigkeit der Löwinnen zu schaffen. Ausführlichere Forschungen mussten dieses Ideal jedoch ein wenig korrigieren: obwohl die Löwinnen die Jungen ihrer Gefährtinnen säugen, haben die eigenen Kleinen auf jeden Fall den Vorrang und verscheuchen regelmäßig die anderen fordernden, hungrigen Mäuler. Da die Weibchen viel Bedürfnis nach Schlaf haben, dauert es nicht lange, bis die nach Nahrung suchenden Kleinen verstehen, dass es manchmal klüger ist zu warten, bis die Löwin eingeschlafen ist: in diesem Mo-

ment wird sie sicherlich nicht die Kraft haben, die Quälgeister zu vertreiben. Es wurde außerdem beobachtet, dass die Weibchen beim Säugen Junge vorziehen, die zu Mitgliedern des Rudels gehören, die eng mit ihrer eigenen Familie verbunden sind. Die Menge der verfügbaren Milch ist nicht von der Anzahl der Jungen abhängig, sondern von der Quantität der eingenommen Nahrung. Aus diesem Grund willigen Mütter, die nur ein Kleines haben, eher dazu ein, auch fremde Löwenjungen zu säugen. Andererseits können diejenigen Weibchen, die sehr viele eigene Mäuler zu stopfen haben, nicht ebenso großzügig sein. Ein Grund dafür, dass die Löwinnen ihre Jungen gemeinschaftlich säugen, liegt darin, dass sie manchmal übermäßig viel Milch produzieren; diese Art weiblicher Kollaboration ist eng an den Verwandtschaftsgrad gebunden. Das Verhalten der Weibchen eines Rudels hat also offensichtlich nicht ganz so edle Ursprünge, wie man sich anfangs vorgestellt hat…

Auch die Hyänen ziehen ihre Nachkommen in der Gruppe auf. Die Mütter lassen ihre Kleinen oft in einer gemeinschaftlichen Höhle und kehren dann in kurzen Zeitabständen zur Kontrolle wieder. Jedes Weibchen säugt seine Kleinen und zieht sich danach in ein anderes Versteck zurück, um in aller Ruhe schlafen zu können. Den Forschern ist es gelungen, die Hyänen innerhalb der Höhle zu beobachten. Dabei haben sie festgestellt, dass jedes Weibchen genauso von den anderen Jungen bedrängt wird wie eine Löwenmutter; die Hyänen weisen die Brut der anderen Weibchen jedoch entschiedener zurück.

Löwenjungen sind sehr gesellig. Sie überdecken ihre eigenen Mütter mit liebevollem Lecken, aber erhalten von ihnen nicht einmal die Hälfte der ausgeteilten Zärtlichkeiten zurück. Die Weibchen bevorzugen es, diese Art von Aufmerksamkeiten den eigenen Gefährtinnen zu schenken.

In den ersten drei Monaten werden die Löwenjungen vorwiegend mit Milch genährt, danach stufenweise entwöhnt. Die Mutter erzeugt keine Milch mehr, wenn die Kleinen sechs bis acht Monate alt sind, obwohl viele von ihnen – zum Nachteil der neu geworfenen Jungen – noch weiterhin bis ungefähr zu

ihrem ersten Lebensjahr saugen. In den ersten Lebensmonaten bildet das Fleisch für die Jungen eher einen Spielgegenstand als ein eigentliches Nahrungsmittel. Doch schon bald lernen die Löwenjungen, sich gierig auf die Fleischbissen zu stürzen und beginnen, um jeden Knochen heftig zu kämpfen. Man kann den kleinen Löwen dabei zusehen, wie sie mit gedämpftem Knurren wie wahnsinnig an der begehrten Beute zerren. Es ist aber auch vorgekommen, dass ein Kleines einige hundert Meter von der Familie entfernt verhungert, da es weder in der Lage ist, sich in dem hohen Gras zu orientieren noch laut genug zu schreien, um gehört zu werden. Aus diesem Grund fürchten die Löwen, ihre Kleinen allzu lange Zeit alleine zu lassen.

Zwischen dem neunten und dem zwölften Monat wachsen die endgültigen Zähne. Der neue Zahnwuchs verursacht starke Schmerzen und Fieber und kann manchmal sogar den Tod eines Löwenjungen verursachen.

Die Kleinen wachsen schnell, doch ihre Entwicklung hängt vor allem von der Nahrungsmenge ab, die sie erhalten. Ein 18 Monate altes, gut genährtes Löwenjunge kann beinahe genauso groß sein wie ein zweieinhalbjähriger Löwe, der oft Hunger leiden musste. Die Männchen wachsen schneller und haben einen größeren Kopf als die Weibchen.

Bevor die Kleinen nicht mindestens vier Monate alt sind, werden sie nicht mit auf die Jagd genommen; ab und zu bleiben ein oder zwei Löwinnen zurück, um sie zu bewachen – doch das ist nicht die Regel. Wenn die Weibchen eine größere Beute gefangen haben, kehrt eine von ihnen zu den Jungen zurück und führt sie zu der Stelle, an der das Tier erlegt wurde. Ab dem vierten Monat begleiten die Jungen die Löwen überallhin, auch wenn sie noch nicht an der Jagd teilnehmen können. Sie begnügen sich damit, den Großen mit einigem Abstand zu folgen und sie beim Jagen zu beobachten. Auf diese Weise erlernen sie nach und nach die Technik.

Die Weibchen schulen die jungen Löwen, indem sie eine Beute am Boden halten, ohne sie töten, und es den Jungen überlassen, das Tier schließlich zu erlegen. Bei den ersten, ungeschickten Versuchen bemühen sich die jungen Löwen, das gelähmte Opfer zu erwürgen. Doch aufgrund der mangelnden Erfahrung passiert es manchmal, dass der Druck der Jagd-Lehrlinge sich lockert und es dem Pflanzenfresser gelingt, sich zu befreien. Die Lehrzeit erfordert zahlreiche Wiederholungen. Mit einem Jahr sind die Löwenjungen schon groß genug, um einige Tiere selbst zu erlegen, und mit zwei Jahren jagen sie bereits ganz alleine. Alle Strategien sind ihnen jedoch noch nicht bekannt; und ausschließlich sehr jungen Löwen kann es passieren, sich in die hoffnungslose Verfolgung eines Zebras oder eines Gnus zu verbeißen, die den Jäger bereits bemerkt haben. Natürlich ist es nicht möglich, dass die Jungen alles während der Ausbildungsperiode erproben. Im Okavango haben die Forscher zum Beispiel festgestellt, dass es in einigen Rudeln 19 verschiedene Beutearten gibt. Selbstverständlich haben die Löwenjungen in der kurzen Zeit nicht die Gelegenheit zu lernen, wie jedes einzelne dieser Tiere zu töten ist.

Ab dem zweiten Lebensjahr sind die Unterschiede zwischen Männchen und Weibchen bereits sehr ausgeprägt und spiegeln die Rollenunterschiede wider. Die jungen Löwinnen sind aufmerksamer und verhalten sich lebhafter und sicherer untereinander, als es bei ihren Brüdern oder Cousins zu beobachten ist. Die Männchen sind zwar körperlich größer, aber viel oberflächlicher. Wenn das Rudel weiterzieht, sind es oft die jungen Löwinnen, die das Schritttempo bestimmen, während die Erwachsenen schnell die Begeisterung verlieren. Die jungen Männchen spielen aggressiver miteinander und nutzen bereits ihre physische Überlegenheit, wenn es darum geht, eine Tierleiche zu entfleischen.

Während der Jagdeinführung bleiben die heranwachsenden Löwen auf dem Familienrevier, auch wenn sie sich dabei immer öfter von den Mitgliedern des Rudels entfernen. Die Begegnungen mit den sesshaften Männchen sind noch freundschaftlich, aber nicht mehr allzu lange. Irgendwann ist der Zeitpunkt erreicht, an dem die Männchen ihre Heimaterde verlassen müssen, da die Erwachsenen des Rudels – Weibchen mit eingeschlossen – ihnen gegenüber sehr aggressiv geworden sind.

130
Wenn die Löwenjungen sehr klein sind, gelingt es ihnen dank der kleinen, scharfen Krallen, senkrecht auf die Baumstämme emporzuklettern.

131
Das Löwenjunge genießt es sehr, von der Mutter versorgt zu werden.

132
In den ersten fünf bis sechs Wochen hält die Löwin ihre Jungen noch vom Rudel fern.

Das Spiel

Löwenjungen fühlen sich in Sicherheit und vergnügen sich, wenn sie inmitten des Rudels sind. Sie fordern die anderen Kameraden heraus, um die eigenen Kräfte zu messen und erlernen durch harmloses Spiel die Jagdtechniken. Doch sie klettern auch auf den ausgewachsenen Löwen herum – welche sich vielleicht gerade erholen – und versuchen, mit ihnen zu spielen. Nur während der wenigen Hungerperioden sind die Kleinen in keiner guten körperlichen Verfassung und hören vollkommen auf, sich miteinander zu vergnügen. Im Allgemeinen gehört das Spiel aber zum essenziellen Teil ihres Lebens. Ebenso wie die Elefanten und Affen widmen sich auch Löwen gerne dem sorglosen Zeitvertreib. Natürlich sind die Vergnügungen der Raubkatzen sehr verschieden von denen der jungen Paviane, die sich an den Schwanz eines Kameraden hängen oder zwischen den Baumästen spielen ... Aber auch die Löwenjungen lieben es, mit dem Schwanz des Bruders oder eines ausgewachsenen Löwen zu spielen. Und dann gibt es da noch die Schildkröten! Für die kleinen Raubkatzen stellen diese Lebewesen ein Spielzeug dar, das ihre gesamte Neugier in Anspruch nimmt: Die Kleinen nähern sich ohne Furcht an das Tierchen heran und verpassen ihm kleine Stöße mit der Pranke, woraufhin das Opfer sofort den Kopf und die Pfoten wieder in den Panzer einzieht; überrascht weichen die Löwen zurück und warten auf die nächste Bewegung. Da jedoch nichts passiert, versuchen sie, die Schildkröte in das Maul zu nehmen – was alles andere als leicht ist!

Das Spiel kann verschiedene Formen annehmen. Es ist lustig, die Jungen dabei zu beobachten, wenn sie sich wie besessen gegenseitig jagen oder die verblüffendsten Entdeckungen machen – dazu gehört zum Beispiel die Begegnung mit einem Stachelschwein! Sonderbare Gegenstände, wie etwa unser Kraftfahrzeug, machen ihnen keinerlei Angst. Den größeren Löwenjungen hat es enormen Spaß gemacht, an dem Seil zu zerren, das wir damals an der Vorderseite unseres Fahrzeugs befestigt hatten. Einige Nächte lang wurden wir so stark durchgerüttelt, dass es wirklich unmöglich war, in dem kleinen Zelt zu schlafen, das wir auf dem Wagendach befestigt hatten.

Wie lernen Löwen, Elefanten, Paviane, Geparde zu spielen? Auch die erfahrensten Verhaltensforscher werden vor ein wahres Dilemma gestellt, wenn man sie nach einer Definition des Spieles fragt. Sicher ist, dass die Jungen beim Spielen riesige Mengen von Energie verbrauchen – ein Surplus, das sie manchmal in Gefahrsituationen führt, weil sie sich, ohne es zu merken, zu weit von der Mutter entfernen. Die Vorteile und die positiven Aspekte des Spielens sind offensichtlich: der Körper des Tierjungen entwickelt sich und wird durch ein Training gestärkt, das dem Tier für den Rest des Lebens dienen wird. Der Spielplatz ist gleichzeitig ein Lernboden, der es den jungen Tieren ermöglicht, verschiedene Tricks zu erlernen sowie die eigenen Fähigkeiten und die Kreativität zu steigern – alles wesentliche Qualitäten, die ihnen später zu Nutzen kommen werden, zum Beispiel wenn sie ein Gebiet erobern müssen oder auf Jagd gehen werden. Tiere, die zu spielen wissen, reagieren auch viel besser auf unerwartete Ereignisse.

In der Art der praktizierten Spiele wird die Gemeinschaft, in der die Jungen leben, widergespiegelt. Gesten und Verhaltensweisen der Eltern werden auf spielerische Weise kopiert. Die Löwen in der Entwicklungsphase teilen all ihre Entdeckungen mit den anderen, egal ob es sich dabei um einen Ast oder ein Stück Knochen handelt; während sie um die begehrten Funde kämpfen, lernen sie ihre Kräfte zu messen. Die größeren Löwenjungen fügen den Kleinsten dabei keinen Schaden zu. Beim Spiel spielt auch das Geschlecht des Tieres eine Rolle: tatsächlich verlaufen die Dispute zwischen den jungen Männchen gewalttätiger.

133
Im Jahre 2001 waren die Monate Februar und März ungewöhnlich regnerisch. Die Sterblichkeitsrate der Löwenjungen, die zwischen Dezember und März geworfen wurden, betrug fast 100 Prozent.

Das Spiel ist unentbehrlich, denn es erlaubt u.a. dem Tier, die Gewalt zu regulieren. Die stärksten Tiere stellen sich auf die Stufe der schwächsten: junge Elefanten knien vor ihren kleinsten Kameraden nieder, damit diese emporklettern können. Die größeren Löwenjungen wenden nie ihre ganze Kraft gegen die Schwächsten an – ansonsten könnten sie nicht alle zusammen spielen. Wenn sie außerdem ihre eigenen Gewinnchancen senken, verlängert sich das ganze Spiel – und damit auch der Spaß. Beim Beobachten der Kämpfe zwischen den bereits größeren Löwenjungen hat man den Eindruck, dass es sich um eine wilde Schlacht handelt – so lange, bis sich plötzlich einer der Gegner rücklings auf den Boden legt und seinem Rivalen auf diese Weise den verletzlichsten Körperteil anbietet. Dieser nutzt die Gelegenheit natürlich nicht aus, da er im Laufe der Entwicklung und durch das Spiel gelernt hat, die Bräuche und Regeln des Zusammenlebens zu respektieren. Übrigens verrät das Verhalten der Protagonisten während der Kämpfe deutlich, dass es sich nur um fiktive Gewaltaktionen handelt. Das Maul ist weit geöffnet, die Zähne zur Hälfte sichtbar – alles Zeichen eines offenen und spaßhaften Verhaltens. Jeder teilt dem anderen auf diese Weise seine freundschaftlichen Absichten mit. Kaniden und Wildkatzen ergänzen diese Signale mit einer spezifischen Körpersprache: krummer Rücken, gebeugte Vorderpranken, die Rückseite des Körpers aufgerichtet, dazu kräftiges Schwanzwedeln.

Nicht alle Tierarten haben dasselbe Verhältnis zum Spiel: je weniger sie entwickelt sind, desto weniger müssen die Jungen auf ihrem Reifeweg lernen – und umso weniger spielen sie. Auch bei Einbeziehung der Arten, die auf der höchsten Entwicklungsstufe stehen – also jenen, die am meisten spielen – stellt man fest, dass die Tiere gewisse Prioritäten setzen: erst nachdem sie ihre Grundbedürfnisse – Ernährung und Fortpflanzung – befriedigt haben, widmen sie sich der spielerischen Tätigkeit. Wenn es an Nahrung mangelt, versuchen alle, die eigenen Kräften zu sparen; die Kleinen spielen nicht, im Gegenteil, sie scheinen traurig zu sein. Aber es genügen nur wenige Wochen in besseren Verhältnissen, damit sich die Stimmung blitzartig verändert und erneut mit voller Lebhaftigkeit und Fröhlichkeit gespielt wird.

Egal, was für eine Form das Spiel auch annehmen mag: die Forscher sind sich dessen lebenswichtiger Bedeutung sicher. Jüngste Gehirnforschungen haben sogar erwiesen, dass die spielerische Dimension beim Menschen und bei einigen Tierarten ebenso essenziell sein könnte wie der Schlaf und die Träume. Diese Behauptung ließ sich von den Endergebnissen herleiten: Spielmangel führt bei jungen Tieren ebenso wie beim Kind zu schweren Pathologien. An Affen (insbesonders Schimpansen) durchgeführte Verhaltensforschungen haben bewiesen, dass diejenigen Tiere, die in der Kindheit des Spielens beraubt wurden, unreif, introvertiert und scheu aufwachsen. Dies gilt gleichermaßen für Lebewesen, die in Freiheit oder Gefangenschaft leben. Einige Tiere, die alleine aufgezogen wurden, waren später weder in der Lage, richtig mit den eigenen Artgenossen zu kommunizieren, noch einen Platz innerhalb der Hierarchie der eigenen Spezies zu finden sowie die Umwerbungs- bzw. Paarungsrituale zu erlernen.

Das Spiel ist also sehr wichtig. Es nimmt eine unentbehrliche Rolle im Leben der Jungen ein, da es eine harmonische physische Entwicklung begünstigt und das soziale Zusammenleben erleichtert. Andererseits wäre es jedoch oberflächlich zu behaupten, dass seine Funktion sich darauf beschränken würde. Das Spielen ist auch reines Vergnügen, und es sollte nicht nur ausschließlich auf die Jungen bezogen werden, denn auch die Erwachsenen lieben es, zu spielen und sich zu vergnügen.

Die Lebenserwartung der Löwenjungen

Die Sterblichkeit der weniger als ein Jahr alten Löwenjungen ist sehr hoch. Wenn das Rudel nicht stark vereint und gefestigt ist, mangelt es an Nahrung, und die Sterberate nimmt zu.

Zwischen zwei Drittel und drei Viertel aller Löwenjungen erreicht nicht das Erwachsenenalter. Die tatsächliche Zahl hängt von der Region und den klimatischen Bedingungen ab, welche sich von Jahr zu Jahr verändern können. Im Serengeti ist die Überlebensrate der Löwenjungen eng an die Regenzeiten gebunden. Die Monate zwischen Juni und Oktober sind im Allgemeinen trocken, so dass eine hohe Sterblichkeit in den Ebenen verursacht wird. In den Regenzeiten – von November bis Mai – lassen sich die Pflanzenfresser im Flachland nieder, nachdem sie die Waldzonen von Seronera verlassen haben. Diese Gebiete verwandeln sich deshalb während der feuchtesten Jahrgänge in einen Ort, an dem die Löwenjungen verhungern können. Außerdem hat eine zu üppige Regenzeit auch für die im Flachland ansässigen Rudel negativen Einfluss, da sich dort eine größere Anzahl von Nomadenlöwen aufhält, die die Kleinen töten. Es gibt Jahrgänge, in denen alle Löwenjungen des Serengeti noch vor ihrem ersten Lebensjahr sterben. Die durchschnittliche Sterblichkeitsrate der folgenden 20 Jahre liegt dort bei 57 Prozent (im Vergleich zu 35 Prozent im Krater von Ngorongoro). Viele Löwenjungen werden zur Beute von Hyänen, Schakalen und Leoparden. Wenn sie alleine sind, können sie fremden Löwen zum Opfer fallen, die nicht ihrem Rudel angehören. Es kommt jedoch viel häufiger vor, dass die Jungen infolge von Krankheit oder Hunger sterben, als dass sie von Individuen ihrer eigenen Art gefressen werden. Die Hungersnot, die viele Opfer unter den Löwenjungen fordert, ist abhängig von der gesellschaftlichen Organisation dieser Tierart. In der Tat ermöglicht es die soziale Rangordnung nicht, den Perioden abzuhelfen, in denen es längere Zeit an Beute mangelt oder diese schwer zu ergreifen ist. Wenn sich das Rudel um eine Tierleiche drängt, sichern sich die Männchen den größten Teil der Nahrung, während die Löwenjungen auf der letzten Stufe der Rangordnung stehen. In einigen Fällen lassen die Männchen zu, dass die Jungen sich von der Beute bedienen, indem sie zuvor die Weibchen mit wilden Bedrohungen am Fressen gehindert haben. Dieses Verhalten kann vom genetischen Gesichtspunkt aus interpretiert werden: die Löwenjungen sind Erben der väterlichen Gene, während die Löwinnen keinerlei Verwandtschaftbeziehung zu den Männchen haben.

Wenn die Beute wirklich knapp wird, überspringen die Löwenjungen sogar regelmäßig eine Mahlzeit, und sollten die kritischen Bedingungen zu lange andauern, verhungern einige von ihnen. Der Mangel an Vitaminen und die Parasiten-Verseuchungen verursachen beinahe den gesamten Ausfall des Fells; die Kleinen werden immer schwächer und erreichen die Stelle des Banketts immer später. Die Erwachsenen bewahren eine bessere körperliche Verfassung, auch wenn sie abgemagert sind. Zum Glück sterben die Löwenjungen aber nicht so schnell, und wenn wieder genügend Beute vorhanden ist, gewinnen die Kleinen überraschend schnell ihr Fell ebenso wie die Gesundheit und die Lust zu spielen wieder.

Der Kindesmord ist mit dem Eintreten neuer Löwen in das Rudel festzustellen und verursacht 27 Prozent der Sterblichkeitsrate der Löwenjungen. Die Wissenschaftlerin Judith Rudnai hat ein ebenso grausames Verhalten auch bei den Löwinnen beobachtet, die absichtlich das einzige übrig gebliebene Junge eines Wurfes verlassen, wenn die anderen Kleinen bereits in zartem Alter gestorben sind. Dieses Verhalten ermöglicht es dem Weibchen, Zeit und Energie zu sparen, um sobald wie möglich einen neuen Wurf mit höheren „Erfolgschancen" auf die Welt zu bringen.

Eine weitere wichtige Ursache der Sterblichkeit der Jungen ist die Nachlässigkeit der Löwinnen. Obwohl es gebräuchlich ist, eine Mutter, die ihre Kleinen beschützt, als „Löwenmutter" zu

134
Dieses sechs Monate alte Löwenjunge hat soeben den Kopf in das tote Gnu versenkt. Es ist vollständig mit Blut beschmutzt und hat einen geschwollenen Bauch.

135
Die kleinen Löwen haben sich ein wenig zu weit von ihrem Schlupfwinkel hinaus gewagt. Die Mutter bringt sie wieder zurück, einen nach dem anderen.

136–137
Der Schwanz eines Löwenjungen endet wie bei den ausgewachsenen Tieren mit einem Büschel schwarzer Haare.

bezeichnen, beweisen diese Weibchen in Wirklichkeit nicht, hervorragende Mütter zu sein – wenigstens nicht in dem Sinn, den wir an diesen Terminus attribuieren. Wenn die Löwin auf Jagd geht, lässt sie die Kleinen alleine und wehrlos in ihrem Versteck zurück. Später, sobald die Löwenjungen zusammen mit den anderen Kleinen in das Rudel eingeführt werden, beauftragen die Löwinnen nicht immer einen Wächter, um die Brut während ihrer Abwesenheit zu überwachen. Viele Weibchen vergessen manchmal ein Junges bei den Umzügen von einem Versteck in das andere; wenn alle zusammen unterwegs sind, kommt es ihnen auch nicht in den Sinn, auf die Nachzügler zu warten.

Der Überlebensanteil der Jungen ist bei den Nomadenlöwinnen anders als bei den Weibchen, die im Rudel leben. Während es den Letzteren gelingen wird, in einigen Jahren über die Hälfte der Neugeborenen aufzuziehen, so schaffen es die Nomadenweibchen mit Mühe und Not, mehr als zehn Prozent der Jungen überleben zu sehen. Die Nomadenweibchen werfen im Vergleich zu den Löwinnen der Rudel weniger Junge. Außerdem töten die Hyänen und fremde Löwenmännchen praktisch alle Jungen der Nomadenweibchen. Sollte es diesen trotzdem gelingen, den Angriffen der Raubtiere zu entkommen, treffen die Löwinnen auf ernste Schwierigkeiten, die Jungen nach der Entwöhnung zu ernähren. Tatsächlich bemächtigen sich die Hyänen und Löwenmännchen der Beute der Weibchen, sobald diese das von ihnen erlegte Tier verlassen haben, um ihre Jungen abzuholen. Es ist demnach ersichtlich, weshalb die Nomadenlöwinnen kaum Nachkommenschaft haben.

Bei den Rudeln dagegen haben gleichzeitig geworfene Jungen höhere Überlebenschancen als die Würfe, welche in asynchronen Zeiträumen aufgezogen werden. Tatsächlich hat das Säugen und Aufwachsen innerhalb der Gruppe eine positive Bedeutung für die Jungen, die sich auf diese Weise – auch wenn die eigene Mutter abwesend ist – ernähren können und weniger Gefahr laufen, ohne Aufsicht zurückzubleiben. Die neu geworfenen Löwenjungen haben geringere Überlebensmöglichkeiten, wenn sich im Rudel Junge befinden, die einige Monate älter sind – diese fressen zuerst von der Beute, und falls es einmal an Nahrung mangeln sollte, können die Kleinsten dabei vollständig leer ausgehen. Für eine Löwin ist es also die beste Strategie, gleichzeitig mit ihren Gefährtinnen Junge zu werfen.

138
Dieses Löwenjunge spielt mit dem Nest eines Webervogels, das von einer Akazie heruntergefallen ist.

139
Mit vier Wochen stoßen die Löwenjungen kleine Schreie aus. Vor dem zweiten Lebensjahr sind sie nicht in der Lage zu brüllen.

140
Wenn ein größeres Löwenjunge mit einem kleineren spielt, wird es nie seine ganze Kraft anwenden.

141 oben
Zwei Löwinnen des Rudels von Keekorok kommen von der Jagd zurück, und alle Kleinen stürzen sich auf sie, um zu saugen.

141 unten
Verärgert durch die vehement an den Brustwarzen saugenden Jungen fletscht die Löwin die Zähne und befreit sich von dem Ansturm.

142

142 und 143
Die Löwin, die anfangs mit Geduld die Spiele ihrer Kleinen ertragen hat, ist es schließlich Leid – nervös erhebt sie sich und geht sich nicht weit entfernt erholen.

144
Vom zartesten Alter an widmen sich die Löwenjungen dem Spiel – sie verstecken sich zwischen dem Gestein oder in den Büschen und jagen sich gegenseitig.

145 oben
Die Termitenhügel werden von den Jungen ebenso wie von ausgewachsenen Löwen sehr geschätzt.

145 unten
Das flaumige Haarkleid der Kleinen ist rotblond und mit dunkelbraunen Flecken versehen. Mit zunehmendem Alter wird das Fell homogen.

146
Die Position dieses kleinen Löwen ist sicherlich eines Akrobaten würdig!

147
Wenn die Löwinnen nahe beieinander ausgestreckt sind, versuchen die Kleinen, ihnen einige Zärtlichkeit zu entlocken.

148
Beim Spielen mit den Zweigen schärft dieses Löwenjunge sich die Zähne.

149 oben
Das Spiel ist nicht nur den Jungen vorbehalten. Auch diese ausgewachsenen Weibchen spielen miteinander.

149 unten
Wenn sie einen penetranten Geruch wahrgenommen haben, setzen die Kleinen ebenso wie ausgewachsene Löwen eine charakteristische Grimasse auf: Kopf nach oben und zurückgezogene Lefzen.

150 oben
Die Löwenjungen lecken die Mütter mindestens doppelt soviel, wie sie im Gegenzug von ihnen an Liebkosungen zurückerhalten.

150 unten
Die Löwenjungen, die noch zu klein sind, um an der Jagd teilnehmen zu können, beobachten aus der Nähe den Beutefang.

151
Am Ende der Trockenzeit mangelt es an Nahrung: niemand hat mehr Lust zu spielen.

152 oben
Jeder Gegenstand ist ein Vorwand, um zu spielen: von den Zweigen bis zum ausgetrockneten Elefantenkot.

152 unten
Dieses gerade einmal zwei Monate alte Löwenjunge widmet sich mit Sorgfalt der eigenen Körperpflege. Die rauhe, kräftige Zunge dient gleichzeitig dazu, das Fell zu säubern und zu glätten.

153
Dieses junge Löwenbaby entdeckt gerade die Welt! Es hat die Krallen herausgezogen und spielt mit einem Baumstumpf.

154
Aberlour transportiert ihre Kleinen: der Reihe nach ergreift sie die Jungen mit dem Maul und hilft mit der Pranke nach.

155 oben
Die Jungen wachsen sehr schnell und entwickeln sich proportional zu der Nahrungsmenge, die ihnen zur Verfügung steht.

155 unten
Die Löwin begleitet ihr Junges bis zu der Beute, die sie gemeinsam mit ihren Gefährtinnen im Flachland gefangen hat.

156
Ein kleines Löwenmännchen ergreift den Nacken der Schwester. Dieselbe Haltung wird ein ausgewachsener Löwe während der Paarung einnehmen.

157
Die Löwenjungen bleiben mit den Müttern ruhig in den Büschen. Die Löwinnen versuchen, unbemerkt an den Pflanzenfressern vorbeizukommen, die in dem nahe gelegenen Flachland grasen wollen.

158
Dieses Löwenjunge springt der Mutter auf den Rücken: es ist dieselbe Geste, die es später anwenden wird, um einen Grasfresser anzugreifen.

159
In den kühleren Morgenstunden geht es beim Spielen noch zügelloser zu.

160 oben
Die Löwenjungen versuchen die Mutter zurückzuhalten, die sich abseits hinlegen will, um ein wenig Ruhe zu haben.

160 unten
Das Aufziehen der Löwenjungen eines Rudels wird gemeinschaftlich organisiert.

161
Mit ungefähr fünf oder sechs Wochen sind die Kleinen in der Lage, der Mutter bei ihren Umzügen zu folgen. Aber der Weg ist lang und schwierig, und die Löwin wartet nicht immer auf die Nachzügler!

162
Dieses zwei Monate alte Löwenjunge spielt gerade im Morgentau.

163
Während die Löwinnen noch nebeneinander in den Büschen schlafen, wachen die Kleinen bereits auf. Für den Rest des Tages werden sie viel beschäftigter sein als die Mütter.

164
Unmittelbar nach dem Werfen wiegen die Löwenbabys zirka zwei Kilogramm; das Gewicht der Mutter beträgt durchschnittlich 150 Kilogramm.

165
Die Löwinnen wechseln öfters das Versteck ihrer Jungen, um zu vermeiden, dass Hyänen, Leoparden oder Geparde sie aufspüren können. Die Jungen laufen jedoch auch Gefahr, von einem vorbeiziehenden Büffel zerquetscht zu werden.

166
Ein junger Löwe übt gerade, ein Mungo zu fangen. Am Ende wird er mit ihm spielen.

167
Das Erforschen einer Schildkröte ist für die Löwenjungen ein sehr interessantes Spiel.

168 und 169 oben
Es ist das erste Mal, dass diese fünf oder sechs Wochen alten Löwenjungen an den Ort der erlegten Beute mitgenommen werden, um das Fleisch zu kosten. Sie sind erst seit kurzem ein Teil des Rudels.

169 unten
Für dieses zwei Monate alte Junge ist das Bein eines Zebras eher ein Spielgegenstand als eine wahre Mahlzeit.

170
Es hat viel geregnet, und die Jungen müssen sich aus dem nassen Boden heraushelfen. Sehr starke Regenperioden erhöhen die Sterblichkeitsrate unter den Kleinsten.

171
Nachdem die Löwin gefressen hat, geht sie nun ihren Durst stillen. Ihr Löwenjunges trinkt wenig: die Milch, die es noch bei der Mutter saugt, ist ausreichend, um seinen Durst zu löschen.

172
Wenn die Löwenjungen sehr klein sind, verbringen die ausgewachsenen Männchen mehr Zeit innerhalb des Rudels.

173
Die Männchen dulden die Spiele der Kleinen, obwohl sie weniger geduldig sind als die Löwinnen.

174 und 175
Wenn die Löwenmännchen genug haben, setzen sie dem Spiel der Kleinen ein jähes Ende: ein Knurren oder die gefletschten Zähne wirken schon sehr abschreckend!

176
Der Größenunterschied zwischen einem zwei Monate alten Löwenjungen und einem ausgewachsenen Männchen ist beeindruckend.

177
Die Grimasse des Männchens gebührt nicht dem Jungen, sondern dem Geruch der Löwin, die kurz zuvor neben ihrem Kleinen kauerte.

Die Kunst, seinen Hunger zu stillen

178 links
Dieses kleine Gnu der Serengeti (Tansania) wurde von der Mutter getrennt, während die Herde auseinanderlief. Es näherte sich danach einem Akazienbusch und rückte nicht mehr von diesem ab, als ob es seine Mutter selbst wäre. Der Löwe musste sich nur noch bedienen.

178 rechts
Superbe verschlingt gerade die Reste eines Gnus, welches er den Hyänen streitig gemacht hat.

180
Die Männchen eines Rudels töten Gnus und andere Pflanzenfresser alleine.

181
Die Löwin erstickt gerade eine Maus, die wahrscheinlich aufgrund eines psychologischen Mechanismus in eine Art von Koma gefallen ist.

An diesem Nachmittag durchquerten wir die Region der Löwinnen von Marais, um das Revier des Rudels von Bila Shaka zu erreichen. Wir beabsichtigten, die Nacht mit ihnen zu verbringen. Unterwegs stießen wir auf eine Giraffe, die sich elegant von dem Hintergrund des sturmbewegten Himmels abhob. Wir begannen einige Fotografien zu machen. Das Tier schien zu zittern und zu beben, doch sehr bald verstanden wir den Grund dieses sonderbaren Verhaltens: langsam traten zwei dünne Beine hervor… die Giraffe gebar! Kurz darauf erschien der Kopf des Giraffenjungen, welches dann, von seinem eigenen Gewicht gezogen, auf die Erde rutschte. Der Fall aus einer Höhe von über zwei Metern verursachte das Platzen der Fruchtblase und die Trennung der Nabelschnur. Das Kleine lag ausgebreitet da und hatte in den ersten Minuten nicht einmal die Kraft, den Hals zu heben. Die Mutter versuchte, es mit großen Zungenschlägen auf dem ganzen Körper wiederzubeleben und ihm auf diese Weise ein wenig Energie einzuflößen. Es dauerte fast eine Stunde, bis die kleine Giraffe es schaffte, sich auf den dünnen Beinen aufrecht zu halten; dann endlich presste sie sich an die Mutter und versuchte zu saugen. Die Geburt hatte am späten Nachmittag begonnen, und nun war bereits die Nacht hereingebrochen. Die Löwinnen aus dem Sumpfgebiet hatten sich bereits auf den Weg gemacht; tatsächlich kamen zwei von ihnen schon heran. Die Giraffenmutter stellte sich zwischen die Raubtiere und ihr Kleines und teilte dabei kräftige Hufenschläge aus, die auf dem Boden widerhallten. Die Löwinnen versuchten einige Male, sich dem Neugeborenen zu nähern, fürchteten jedoch die Hufen der Giraffe. Schließlich gelang es einer von ihnen, das Kleine zu ergreifen, welches zu Boden fiel und sich nicht mehr erheben konnte. Die Giraffe hatte über eine Stunde lang verzweifelt versucht, ihr Kleines zu verteidigen. Aber jetzt hörte sie plötzlich auf, sich um das Junge zu sorgen und entfernte sich einige Meter, um zu grasen. Die beiden Löwinnen hatten den Weg frei auf das Bankett…

Es war bereits zu spät, um das Rudel von Bila Shaka zu erreichen, so dass wir zum Camp zurückkehrten.
Am nächsten Tag erreichten wir das Rudel gegen drei Uhr nachmittags; die Tiere waren an derselben Stelle, an der sie sich während des Vormittags platziert hatten. Wir blieben für zirka zwei Stunden in unserem Fahrzeug unter der Sonne und dösten, während die Löwen ausgebreitet in dem hohen Gras vor uns lagen – sie hatten wenigstens den Vorteil, im Schatten der Büsche zu sein! Als die Hitze endlich ein wenig schwächer wurde, widmeten wir uns mit erhöhtem Interesse dem Rudel. Die Löwenjungen waren unruhig und hatten begonnen zu spielen, wobei sie unsere Neugier anzogen. Einige Mäuse huschten mit gehörigem Sicherheitsabstand vorbei, ohne dabei die Büsche, in denen sich das Rudel versteckte, aus den Augen zu verlieren. Eine der Löwinnen öffnete ein Auge und warf einen Blick auf die Grasfresser. Wir dachten, dass diese jetzt an die Reihe kommen würden, doch das Weibchen streckte sich wieder mit einem tiefen Seufzer auf den Boden. Nur die größeren Jungen beobachteten aufmerksam die Mäuse, die nahe an ihnen vorbeiliefen. Das Rudel hatte seit dem Vorabend keine große Beute mehr gefangen, aber wir dachten nicht, dass wir nachmittags die Löwen noch einmal beim Jagen sehen würden. Plötzlich begannen die Weibchen, sich wie auf ein vorgegebenes Signal hin zu recken. Sie erhoben sich und begannen gegenseitige Grüße auszuteilen, danach folgten sie der Einladung der Jungen und widmeten sich der Toilette. Nachdem sie schließlich das Versteck unter den Sträuchern verlassen hatten, beobachteten sie mit aller Ruhe den Horizont. Die Männchen ihrerseits waren seit dem Morgen verschwunden. Das Tageslicht wurde immer schwächer, während der glühende Ball der Sonne seine letzten Strahlen über der Savanne verbreitete. Es war Zeit, sich auf den Weg zu machen. Aberlour ergriff das Kommando über die Kolonne. Die Löwinnen bewegten sich in die Gegenrichtung der in der Ferne sichtbaren Gnu-Herden.

182
Die kleine Giraffe wurde gegen fünf Uhr nachmittags geworfen. Spät in der Nacht hatten die Löwinnen auf der Suche nach Beute das Kleine aufgespürt. Die Giraffe versuchte über lange Zeit hinweg, ihr Junges mit Hufschlägen zu verteidigen, aber am Ende gewannen die Jägerinnen die Oberhand.

Es war nicht das erste Mal, dass uns die Marschrichtung der Löwinnen erstaunte. Handelte es sich um eine umsichtige Entscheidung oder war sie rein zufällig? Vertrauen die Tiere der momentanen Intuition des Weibchens, das an der Spitze der Gruppe steht? Es ist schwierig, dies festzustellen. Wir folgten den Löwinnen durch eine weite, öde Ebene. Dabei mussten wir größte Aufmerksamkeit bewahren, da es in dem hohen Gras nicht an Gefahren mangelte – insbesondere fürchteten wir die Verstecke der Warzenschweine.
Gegen 20 Uhr gab es einen allgemeinen Halt, der einige Minuten andauerte, bevor die Gruppe sich wieder auf den Weg machte. Unvermittelt hielten die Löwinnen inne und lauschten dem Brüllen, das uns von den westlich liegenden Gebieten her erreichte. Es waren zwei Männchen, die nach den Löwinnen riefen. Diese antworteten „mit Süße“, während sie sich weiterhin in Richtung Marais fortbewegten. Unversehens änderten die Weibchen das Verhalten: Sie hatten etwas entdeckt, das wir noch nicht bemerken konnten. Wir fuhren weiter voran und benutzten dabei nur von Zeit zu Zeit die Autolichter. Da erschienen vor uns einige Impala: ein Männchen und sein Harem. Die erschrockenen Weibchen verstreuten sich in alle Richtungen, während das Männchen als letztes dablieb; es begann erst zu fliehen, als Anieska es fast erreicht hatte: mit einem letzten, lebhaften Sprung schaffte es das Tier, sich in Sicherheit zu bringen. Für den Augenblick hatte es überlebt. In diesem Fall muss jedoch betont werden, dass die Löwinnen mit ungünstigem Wind sowie ohne einen Hinterhalt vorbereitet zu haben an die Grasfresser herangerückt waren: Bedingungen, die alles andere als ideal waren! Die Gruppe setzte sich wieder zusammen. Die Löwinnen rieben die Köpfe aneinander und ließen dabei ein gedämpftes Brummen von sich. Diese Art von Gruß ermöglicht es ihnen zu überprüfen, ob keine von ihnen verletzt wurde, oder ob es einer Löwin gelungen war, woanders eine Beute zu töten. Die Kolonne machte sich erneut hintereinander aufgereiht auf den Weg. Zirka um 22 Uhr erblickten wir einige Schatten: Es war eine kleine Gruppe von Zebras, die die Ankunft der Löwinnen nicht bemerkte und friedlich graste. Diesmal hatten die Löwinnen die Windrichtung gut kalkuliert. Zwei von ihnen verließen die Gruppe – eine ging nach rechts, die andere nach links. Wie es oft nachts geschieht, näherten sie sich der Beute, ohne sich dabei zu verstecken. Der Mond, der sie leicht verraten könnte war noch nicht sichtbar. Der Rest des Rudels ging währenddessen geradeaus auf die Zebraherde zu. Die Löwinnen an der Gruppenspitze stürzten sich aufs Geratewohl auf die Grasfresser und ließen sie erschrocken fliehen; auf diese Weise konnten die schwächsten Tiere identifiziert werden. Tatsächlich entdeckten sie ein junges Zebra, das – gefolgt von der Mutter – langsamer lief als die anderen und sich – ohne es zu bemerken – Anieska näherte, welche rechts auf der Lauer lag. Der Mutter gelang es, der Wildkatze auszuweichen – jedoch nicht dem jungen Zebra. Anieska warf das Tier auf das Gras und packte es an der Kehle, um es zu erwürgen. Sofort folgte ihr eine Gefährtin, die ihre Stoßzähne in die Rückseite des Opfers eingrub. Das Zebraweibchen versuchte sich zu nähern, aber es war schon zu spät. Die anderen Mitglieder des Rudels stürzten sich schnell auf die kleine Tierleiche. Sobald das Bankett begonnen hatte, platzten auf einmal die beiden Männchen in die Gruppe herein und begannen ihren Anteil zu fordern. Während die Neuankömmlinge einige Fleischhappen abrissen, rückte Aberlour verärgert wieder heran. Superbe legte die Ohren an und zeigte die Zähne, indem er die Lefzen kräuselte; gleichzeitig stieß er zur Besiegelung seiner Botschaft ein dumpfes Knurren aus: Wenn Aberlour sich entschlossen hätte, noch näher heranzukommen, würde er nicht damit zögern sie anzugreifen. Die Löwin versuchte es erneut – und erhielt einen kräftigen Prankenhieb. Nun beschloss sie, von weiteren Versuchen abzulassen und legte sich in Begleitung ihrer Kameradinnen wenige Meter entfernt hin, um zu warten. In der Nähe war das Kichern einiger Hyänen zu hören, doch die Löwen, die sich in der Gruppe stark fühlten, schien das nicht besonders zu beunruhigen. Als die beiden Männchen endlich satt waren, erlaubten sie es den Löwenjungen, sich zu nähern – auch wenn nicht mehr viel zum Fressen übrig war. Die mit leerem Magen zurückgeblieben Löwinnen gingen nicht auseinander:

183
Die Treibjagden finden meist während der Nachtstunden statt. Die Löwen besitzen eine ausgezeichnete Sehkraft – am Tage ebenso wie nachts.

184–185
Die Löwinnen von Marais bevorzugen die Zebras, die sich gegen Mittag aufmachen, um nahe der Windmühle ihren Durst zu stillen.

in der Migrationsperiode gibt es reichlich Beute, und die Weibchen waren sich sicher, dass es ihnen früher oder später gelingen würde, etwas zwischen die Zähne zu bekommen. Löwen und Löwinnen machten sich dann weiter auf den Weg, um an einem nahe gelegenen See zu trinken und sich zu erholen. Spät in der Nacht nahm das Rudel den Marsch wieder auf. Die Löwinnen und Löwenjungen liefen herum und spielten vergnügt miteinander. Die Kleinen sprangen sich gegenseitig auf den Rücken und tollten so lange im Gras herum, bis endlich Normalität einkehrte und jedermann sich ernsteren Aufgaben widmete. Von der Luftlinie aus betrachtet, waren wir nicht sehr weit von der Stelle entfernt, von der wir am Beginn des Abends aufgebrochen waren. In der tiefen Stille der Nacht erschallten die hohen „Gnu-Gnus" der nahen, wandernden Herden. Die Löwinnen legten sich auf die Lauer, und wie immer übernahm Aberlour das Kommando über die Aktionen. Es geschah einige Male, dass wir beobachten konnten, wie sie sich zum Angriff stürzte und die Beute niederwarf – keiner anderen Löwin gleich! Die Weibchen ordneten sich im Halbkreis an, versteckt im hohen Gras, um die Huftiere besser überraschen zu können. Aberlour warf sich mitten in die Herde, die sofort auseinanderlief. Drei der Löwinnen töteten fast gleichzeitig zwei junge Gnus und ein ausgewachsenes Tier. Es war eine erfolgreiche Nacht… Das ganze Rudel versammelte sich um die drei Beuten. Während der Wanderungsperioden ist es vorgekommen, dass wir morgens bis zu acht Tiergerippe entdeckten, von denen einige praktisch unversehrt waren – so satt waren die Löwen. Nachdem alle ihre Mahlzeit beendet hatten – einschließlich der Männchen – zogen sie sich bis zum nächsten Morgen zurück, um zu schlafen. In der Zwischenzeit machten sich die Hyänen über die Reste der ersten Beute her, die in jener Nacht gefangen wurde. Für das Rudel von Bila Shaka war es eine Treibjagd wie viele andere, die in dieser Periode des Überflusses an Beute problemlos verlief. Doch wie zahlreich werden die erfolglosen Jagdversuche sein, wenn Gnus und Zebras verschwunden sein werden, wenn der Sumpf vollkommen überschwemmt sein wird und es nur den Büffeln gelingen wird, ihn zu überqueren?

186
Die einziehbaren Krallen ermöglichen es dem Löwen, die Beute zu packen.

187
Die Löwin beobachtet den Löwen, der gerade frisst. Sie wird abwarten müssen, bis sie selber an die Reihe kommt.

DIE KUNST, SEINEN HUNGER ZU STILLEN

Die Löwen sind Fleischfresser und die Aufzählung ihrer potenziellen Opfer ist – trotz einiger Vorlieben – sehr vielfältig. Dank ihrer Größe und Kraft sind sie in der Lage, große Tiere wie z. B. ausgewachsene Büffel und Giraffen zu erlegen. In Ostafrika steht das Gnu an der ersten Stelle der Beutetabelle (im Serengeti bilden sie etwa die Hälfte aller getöteten Tiere), gefolgt von den Zebras; danach sind mit deutlichem Abstand Giraffen und junge Nilpferde zu finden. Die Löwen töten auch Nashörner, aber diese Tiere sind so rar geworden, dass sich kaum eine Gelegenheit dazu ergibt. Die Großkatzen sind es auch gewohnt, Gras zu fressen – vor allem, wenn sie übermäßig satt sind. Diese Aufzählung enthält die Vorlieben der Löwen, die während der günstigen Perioden zu fangen sind, d.h. die kleineren Beuten wurden nicht berücksichtigt. Dennoch ist es vorgekommen, dass wir Löwinnen gesehen haben, die eine riesige Menge Energie aufbringen, um ein winziges Warzenschwein zu ergreifen – und das, während der Krater von Ngorongoro überfüllt war mit Gnus und Zebras. In der Periode, in der es an Wild mangelt und die Löwen nicht viel zu wählen haben, wird alles, was zu finden ist, verlockend: das Menü wird mit jeglicher Art von Nahrungsmitteln bereichert, wobei auch kleinste Beuten mit einbezogen werden, die die Löwen normalerweise abgelehnt hätten, von Schildkröten bis Pythons. Bei ähnlichen Verhältnissen geben sie sich auch mit Früchten und den schwer zu brechenden Straußeneiern zufrieden.

Das Verzeichnis der bevorzugten Speisen ist von Region zu Region verschieden, und auch die Grundnahrung der Löwen ist nicht überall gleich. Die Großkatzen passen ihre eigenen Nahrungsgewohnheiten an die örtliche Verfügbarkeit an, wobei sie die verschiedenen „Spezialitäten" ausnutzen. Die Löwen des Parks von Virunga in Zaire gehen gewöhnlich auf die Jagd nach Nilpferden, während diejenigen des Parks von Chobe in Zimbabwe oder die des Malawi oft Elefanten fangen, besonders die Elefantenjungen (in Ostafrika haben wir nie beobachtet, dass letztere von Löwen gejagt wurden). Im Gebiet des Flusses Rufiji in Tansania fressen die Löwen Krokodile. Die Anpassungsfähigkeit dieser Tiere erlaubt es ihnen, auch in Wüstengegenden zu überleben, wo sie sich von ungewöhnlichen Beuten ernähren. Im Park der „Küste der Skelette" in Namibia – einem Wüstengebiet schlechthin – ernähren sich die Löwen von Delphinen und Walen, die dort gestrandet sind. Mit der Zeit haben sich diese Großkatzen sogar in Robbenfänger verwandelt: Sie überraschen die schlafenden Tiere am Sandstrand oder fangen sie im Meer, wo sie sich in wildem Nahkampf in die Wellen stürzen. An den Grenzen der Wüste Kalahari sind es dagegen die Stachelschweine, die regelmäßig auf dem Speiseplan der Löwen stehen und fast ein Viertel ihrer Ernährung abdecken. Indem sie einem solchen Nahrungsplan folgen, sind die dort lebenden Löwen sicherlich weniger kräftig als ihre Cousins in Tansania oder Kenia, welche niemals derartige Lebewesen angreifen würden. Doch es gibt keine Alternativen. Eines Tages haben wir ein besonders hungriges Löwenrudel in Serengeti beobachtet, das auf ein Stachelschwein stieß – kurz bevor das Tierchen in seine Höhle zwischen den Felsschluchten schlüpfen konnte. Nachdem es aufgespürt war, begann das Nagetier, mit den Schwanzstacheln um sich zu schlagen und zu spucken, doch die Löwin an der Spitze des Rudels ließ sich nicht verängstigen – sie drehte das Tierchen auf den Rücken, um es am Bauch, wo es keine Stacheln hatte, zu packen. Dem Stachelschwein gelang es jedoch, sich wieder auf alle vier Beine zu stellen. Nun richtete es die Stacheln des Rückens gegen die Löwin, welche trotz allem gegen das Tier wütete. Vielleicht war sie nie mit einem ähnlichen Lebewesen zusammengetroffen? Am nächsten Tag entdeckten wir, dass sich das Rudel zwischen den Felsen niedergelassen hatte. Die wagemutige Löwin hatte noch die Brust von den Stacheln durchbohrt und leckte sich die Wunden an den Pranken. Dieses bescheidene Fressen war ihr wirklich teuer zu stehen gekommen!

188
Diese Löwin beobachtet das umliegende Gebiet, um der Ankunft der Männchen vorzubeugen. Diese würden sicher versuchen, ihr die Mahlzeit zu stehlen.

Für die Mehrheit der Rudel wird 75 Prozent ihrer Nahrung aus drei oder vier Tierarten zusammengesetzt: in der Nähe von Seronera in Serengeti besteht sie aus Zebras, Gnus und Gazellen; in Manyara sind es Zebras, Impalas und Büffel; und in Kafue in Zambia gehören Büffel, Sassaby, Stachelschweine und Zebras zu den Opfern. Im Okavango sind dagegen acht Tierarten nötig, um 75 Prozent der Nahrung zu decken, was sich mit dem jahreszeitbedingten Vorhandensein verschiedener Tiere erklären lässt.

Bei einigen Arten von Pflanzenfressern fallen die Männchen eher dem Raubfang der Löwen zum Opfer als die Weibchen, wobei es dafür verschiedene Gründe geben kann: Zum einen sind die Männchen geschwächt durch die heftigen Kämpfe, die sie um die Eroberung der Weibchen auf dem eigenen Revier führen (dies ist zum Beispiel bei den Gnus der Fall); zum anderen verlieren sie bei den Liebeswerbungen, mit denen sie sich vor den Weibchen brüsten, jeden Sinn für Achtsamkeit. Ein weiterer Grund liegt darin, dass – nachdem sie Alarm geschlagen haben – die Männchen einiger Arten (z. B. die Impala) als Nachhut zurückbleiben, um den eigenen Harem zu schützen.

Die Löwen sind zuallererst Raubtiere, aber auch Aasfresser. Die Unterscheidung zwischen den beiden Kategorien ist ziemlich fein; normalerweise fängt das Raubtier seine Beute lebendig und tötet es dann, während der Aasfresser sich einer toten Beute bedient. Aber ist dann der Löwe, der einen kranken, im Sterben liegenden Büffel packt oder einem Leoparden das gerade gefangene Imbala raubt, ein Aasfresser? Wie dem auch sei: Die Löwen ernähren sich jedenfalls nicht nur von Lebewesen, die sie selber getötet haben, sondern fressen auch die Beute anderer Raubtiere – besonders die von Hyänen – oder verzehren die auf natürliche Weise gestorbenen Tiere. Der Erste, der gewöhnlich ein Tiergerippe entdeckt, ist der Geier. Sobald er ein Aas gesichtet hat, sinkt er im Sturzflug auf die Beute herab, gefolgt von seinen Kameraden. Die Löwen und die Hyänen beobachten die Vögel mit Abstand. Sobald sie sie niedergleiten sehen, eilen sie an die Stelle heran, wo gewöhnlich die flinkeren Hyänen früher eintreffen als die Großkatzen.

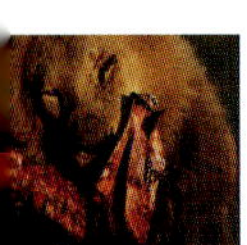

Auf der ganzen geographischen Fläche, in der Löwen verteilt sind, existiert die Gewohnheit, sich von Aasen zu ernähren. Die Nomadenlöwen sind dabei eher an diese Art von Nahrung gewohnt als die im Rudel lebenden Tiere. Von den Forscher wurde errechnet, dass fast ein Siebtel ihrer gesamten Ernährung aus Aas besteht. Bei den Löwen kann diese Nahrungsquelle jedoch gefährlich sein, da die Tierleichen manchmal vergiftet sind; dieses Problem betrifft dagegen nicht die Geparde, die ausschließlich soeben getötete Tiere verzehren.

Löwen jagen, wo immer sich Beute befindet. Auf ihrem Territorium gibt es keine wirklichen „Jagdgebiete". Natürlich wird eine Umgebung, die reich an Vegetation ist, Wasserstellen bietet oder oft von Huftieren heimgesucht wird, bevorzugt. Die potenziellen Opfer versuchen jedoch, diese gefährlichen Orte zu meiden, so dass die Löwen nicht selten dazu gezwungen sind, in unvorteilhaften Gebieten zu jagen; in diesem Fall spielt die gute Kenntnis des Territoriums eine bedeutende Rolle.

Trotz des gemeinsamen Ziels ändern sich die Strategien sehr, je nachdem, ob es ein einzelnes Tier ist, das auf Jagd geht oder es sich um eine Gruppe handelt. Die Löwen gehen vor allem nachts auf die Jagd, wobei sie mehr ihre Sehschärfe im Dunkeln sowie ihre Gehörsensibilität nutzen als den Geruchssinn. Was ihre Laufgeschwindigkeit betrifft, so sind die Löwen ziemlich schnell (50 bis 60 Stundenkilometer); aber fast alle ihre Beuten sind schneller und können über lange Strecken hinweg ihre Maximalgeschwindigkeit beibehalten: den Löwen gelingt dies nur auf zweihundert Metern Strecke. Wenn dazu noch mitten in einer Verfolgung das zu fangende Tier auch nur geringfügig die Richtung wechselt, passiert es leicht, dass der Löwe auf dem nassen Gras oder auf dem Schlamm ausrutscht und damit das Ziel verliert. Obwohl die Löwen in der Nahrungskette als „Großjäger" den Spitzenplatz besetzen, ist für sie das Fangen einer Beute alles andere als ein einfaches Unternehmen.

Im Laufe ihrer Evolution wurden ihre Fähigkeiten sicherlich verbessert, aber parallel dazu haben sich natürlich auch die Pflanzenfresser weiterentwickelt, die ihrerseits besser zu fliehen lernten. Gewöhnlich leben diese in Herden (die Möglichkeit, eine Gefahr zu identifizieren, multipliziert sich mit der Anzahl der

189
Die Jungen der Warzenschweine gehören zur bevorzugten Beute der Löwen. Um sie zu fangen, scheuen sie nicht damit, viel Energie aufzuwenden.

vorhandenen Tiere) und bleiben immer im Freien. In Gefahrsituationen bzw. wenn sie sich an Wasserstellen aufhalten, sind sie in höchster Alarmbereitschaft (wie es z. B. bei der Giraffe, die ihren Durst stillen geht, der Fall ist). Zebras, Gnus, Gazellen und andere Antilopenarten können gut sichtbar etwa in hundert Metern Abstand von einem schlafenden Löwenrudel entfernt weiden – solange sie in einem guten physischen Zustand sind und die höchste Aufmerksamkeit beibehalten, wird die Anwesenheit der Großkatzen von ihnen nicht als ein potenzielles Risiko wahrgenommen; die Tiere empfinden in dem Fall keine Notwendigkeit zu fliehen oder den Platz zu wechseln.

Die Löwen verfügen über eine bessere Nachtsicht als die Menschen, da sie hinter der Netzhaut eine reflektierende Schicht besitzen, die es dem Licht ermöglicht, zweimal absorbiert zu werden. Deshalb sind ihre Augen viel empfindlicher gegenüber einem sehr schwachen Licht. Zum Pech der Großkatze sehen aber auch die Pflanzenfresser nachts besser als die Menschen: Ihre Augen besitzen eine ähnliche Reflektierfähigkeit wie die der Löwen. Die Motive, die die Löwen zur nächtlichen Jagd treiben, sind deshalb woanders zu suchen. Zweifellos ist die Sichtbarkeit im Dunkeln reduziert, die Schatten dunkler und die Unebenheiten des Terrains erlauben es den Raubtieren, sich besser zu verstecken; ferner ist es für die Grasfresser schwieriger, jede einzelne Regung der Raubtiere zu bemerken. Dennoch können sich die Löwen nicht nur auf die Nachtjagd beschränken, da einige Tiere – zum Beispiel die Gazellen – nur bei Tag an die Wasserstellen gehen um zu trinken – und dieses ist der Moment, in welchem sie verletzlicher sind. Dasselbe gilt auch für die Warzenschweine, die ausschließlich tagsüber aktiv sind.

Um eine Beute zu ergreifen, lässt ein einzelner Löwe sie so nahe wie möglich herankommen, ohne selbst bemerkt zu werden; dann muss er sich in einem Satz auf sie stürzen, sie zu Boden werfen und an der Kehle packen, wobei er versucht, das Tier mit seinem gesamten Gewicht festzuhalten. Der ideale Abstand, der nötig ist, damit der Hinterhalt den erhofften Erfolg bringt, beträgt ungefähr dreißig Meter. Wenn der Löwe sich auf den Grasfresser stürzt, muss er sehr achtsam sein, da ein Tier, welches gut bei Kräften ist, einen einzelnen Jäger auf eine harte Probe stellen kann. Die Pferdeböcke besitzen zum Beispiel äußerst gefährliche, scharfe Hörner; Zebras und Giraffen verteidigen sich mit den Hufen, und die Büffel wiederum mit den Hörnern. Um die Beute so nahe wie möglich heranrücken zu lassen, muss die Wildkatze alle Verstecke innerhalb des Gebietes ausnutzen: Baumstämme, Bachbetten, hohes Gras, Büsche… Die Mehrheit der Huftiere hat ein gutes Sehfeld, das einen sehr breiten Winkel abdeckt. Ihr Sehvermögen kann jedoch höchstwahrscheinlich nur annäherungsweise unbewegliche Objekte bestimmen und ist mit Sicherheit nicht in der Lage, Farben zu unterscheiden. Um für seine Beute unsichtbar zu bleiben, ist es jedoch nicht notwendig, dass die Großkatze ein vollkommen an den Boden angepasstes Haarkleid besitzt: es genügt, wenn das rotblonde Fell nicht allzu hell oder dunkel ist.

In Wirklichkeit ist es die Bewegung, die die Präsenz der Raubtiere verrät, besonders wenn sie sich im Freien befinden; in der Savanne oder nachts ändert sich das Problem nicht.

Hat der Boden wenige Schlupfwinkel zu bieten, muss sich die Wildkatze verstohlen fortbewegen, wenn die auserwählte Beute ihren Blick wendet: Der Löwe nähert sich, wenn das Tier grast, und bleibt unbeweglich stehen, sobald es den Kopf hebt – was die Grasfresser in regelmäßigen Zeitabständen zu tun pflegen, um die Lage um sich herum zu kontrollieren. Wenn sie wieder anfangen zu grasen, rückt der Löwe erneut unmerklich voran. Die Pflanzenfresser behalten dabei immer ihre Kameraden vor Augen und beachten jegliche kleine Veränderung mit der höchsten Aufmerksamkeit. Bei dem kleinsten, verdächtigen Geräusch oder einer minimalen, ungewöhnlichen Bewegung sind sie bereit zu fliehen. Dies erklärt, warum die Mehrheit der Fangversuche eines einzelnen Löwen für ihn einen ungünstigen Ausgang nimmt.

Die Forscher haben errechnet, dass die Möglichkeiten, eine Beute während des Laufens zu töten, nur acht Prozent betragen, während die Erfolgschancen 30 Prozent erreichen, wenn die Löwen sich verbünden; wird der Raub dann noch aus einem Hinterhalt heraus ausgeführt, so steigen die Möglichkeiten, dass das Opfer erlegt wird, bis auf 60 Prozent. Diese Zahlen beweisen unmissverständlich, dass der Überraschungseffekt und die Koalition mehrerer Löwen die Endresultate entscheidend

verbessern. Es ist typisch für die Männchen, alleine jagen zu gehen – besonders in dem Zeitraum, in dem sie das Nomadenleben beginnen. Entgegen gängiger Vorstellungen jagen auch die Weibchen oft alleine.

Die Löwinnen sichern dem Rudel 80 bis 90 Prozent der Beute, während die schwereren und sichtbareren Männchen weniger aktiv an der Jagd teilnehmen – obwohl sie vollkommen in der Lage sind zu töten, besonders größere Beuten wie Büffel und Zebras. Gemäß George Schaller wird 75 Prozent der Beute, von der sich ein männlicher Löwe ernährt, einem Weibchen abgenommen, zwölf Prozent anderen Fleischfressern gestohlen und nur 13 Prozent von dem Löwen selber gefangen. Diese Zahlen gelten nicht für die Nomadenmännchen – diese können natürlich nicht auf die Weibchen rechnen und sind demnach dazu gezwungen, selber auf die Pirsch zu gehen.

Wie jagen die Löwinnen eines Rudels? In der Vorstellung vieler Menschen erinnert die Treibjagd der Löwen an einen Tanz mit sehr lebhafter Choreographie. Im Licht des Tagesanbruchs oder der Dämmerung umzingeln die von einem gemeinsamen Ziel getriebenen Löwen die vollkommen ahnungslose Beute und töten sie – wie grausame Mörder – in aller Stille. Die Forscher und Jäger haben dazu beigetragen, diesen Mythos zu nähren: Ihre Beschreibungen der Treibjagden der Löwen beziehen sich oft nur auf den erstaunlichen Grad von Zusammenarbeit unter den Weibchen und den Männchen, die sich willentlich in der nachteiligen Windrichtung positionieren, damit sie entdeckt werden; auf diese Weise wird die Beute in die Nähe der versteckten Gefährtinnen getrieben. In der alltäglichen Wirklichkeit verläuft es dagegen ganz anders. Es ist nie vorgekommen, dass wir so ein Verhalten seitens der Männchen beobachten konnten. Diese nehmen dagegen entweder gar nicht aktiv an der Jagd teil oder verursachen Panik, indem sie gerade in dem Augenblick, in welchem die Löwinnen einen Hinterhalt vorbereiten, zu brüllen anfangen. Es kommt sogar vor, dass sie am Hinterteil eines Weibchens zu schnuppern beginnen – um herauszubekommen, ob es brünstig ist –, wenn dieses just dabei ist, einen Angriff zu unternehmen. Völlig entgegengesetzt dazu läuft es bei den Löwinnen eines Rudels ab, die sich dazu entschließen, gemeinsam zu jagen: Zwei oder drei von ihnen verstecken sich in der Nähe der Herde, während die anderen sich im Halbkreis anordnen und jedes Mal von mehreren Fronten aus angreifen. Die erschrockenen Tiere werden somit in die Richtung der im Hinterhalt wartenden Löwinnen getrieben. Andere Male kann es vorkommen, dass einige Löwinnen langsam seitlich der Herde entlanggehen und andere sich direkt in die Gruppe werfen. Das Ergebnis ist in jedem Fall dasselbe. In Wirklichkeit haben die Weibchen zwei Möglichkeiten: In die Nähe der erwählten Beute vorrücken, oder einfach warten, dass es die Opfer selbst sind, die sich nähern. Oft überschneiden sich diese beiden Methoden; dann wird das verstohlene Vordringen mit dem Hinterhalt vereint.

Die Löwinnen können sehr geduldig sein. Diejenigen des Marais zum Beispiel sind es gewöhnt, stundenlang geduckt im hohen Gras nahe der Wasserpfützen zu warten, an denen Zebras und Gnus gegen Mittag ihren Durst stillen. Tatsächlich geht ein großer Teil der Grasfresser nicht bei Tagesanbruch oder in der Dämmerung trinken, sondern bevorzugt hierfür die wärmeren Stunden des Tages, in denen die Raubtiere sich im Allgemeinen erholen.

Oft nehmen die Hinterhalte und die Treibjagden kein gutes Ende; man schätzt, dass nur ein Viertel oder ein Fünftel der gesamten Versuche ein positives Resultat erzielt. Normalerweise entfernt sich ein gesundes Tier von den Großkatzen, ohne ihre Anwesenheit auch nur bemerkt zu haben; und wenn der Pflanzenfresser eine verdächtige Bewegung oder einen auffallenden Geruch wahrnimmt, ist er sofort bereit, davonzuspringen. Es gilt dann darum, einen sichereren Ort zu erreichen, der sich einige hundert Meter entfernt von den Löwen befinden sollte. Ist das Tier in Sicherheit, stößt es eine Weile lang ein Schnauben aus, das als Warnungs- und Alarmsignal verstanden wird, ohne dabei die Kontrolle über seine Angreifer zu verlieren.

Es ist üblich anzunehmen, dass die Löwinnen in Gruppen zusammenleben, weil sie Vorteile aus der gemeinschaftlichen Jagd erzielen. In der Praxis haben die in der Serengeti durchgeführten Forschungen erwiesen, dass die Weibchen sich vereinen, um die größten Tiere zu jagen – wie Zebras, Büffel (diese wiegen bis zu fünf Doppelzentner) oder Giraffen. Wenn die Wildkatzen sich

nicht zusammenschließen würden, blieben derartige Beuten im Sinne von Nahrungsquellen unbenutzt. Im Gegensatz dazu bilden Antilopen von mittlerer Statur – zum Beispiel die Gnus – ein übliches Ziel, da sie auch von anderen Raubtieren angegriffen werden, wie z. B. von Geparden und Leoparden. Die Hauptmotivation der Gruppenjagd und der Verbündung unter den Weibchen ist insofern das Ergreifen der größten Tiere. Wenn es sich um leichtere Beute handelt, wie Gnus und Gazellen, jagen die Löwinnen oft alleine. Eine einzelne Großkatze ist zwar in der Lage, jede Beute von mittlerer Größe zu fangen; wenn aber eine Gruppe gemeinsam jagt, können die Erfolgschancen erhöht werden. In diesem Fall versucht das Huftier im Durcheinander des ersten Angriffs zu fliehen und endet dabei oft unter den Krallen der im Hinterhalt wartenden Löwen, die unbemerkt geblieben sind.

Die Löwinnen eines Rudels jagen nicht immer zusammen; in Wirklichkeit sind sie sehr autonom. Wenn ein Weibchen zur Jagd aufbricht, entscheiden ihre Gefährtinnen, es zu begleiten oder es alleine ziehen zu lassen. Eine Gruppenjagd erhöht die Möglichkeit, dass das Unternehmen einen positiven Ausgang findet; gleichzeitig fordert sie aber einen beachtlichen Energieaufwand und erhöht das Risiko, verletzt zu werden. Andererseits ist es möglich, dass auch ohne das Eingreifen einzelner Löwinnen eine Beute gefangen wird, die groß genug ist, um alle in gleicher Weise sättigen zu können. Die Vorteile der kollektiven Jagd sind daher nicht immer offensichtlich. Warum sollte ein Weibchen daran teilnehmen, wenn es in der Lage ist, alleine zurechtzukommen? Die Einzeljagd tritt vor allem in Regionen auf, in denen Beute mittlerer Größe reichlich vorhanden ist. Ein ähnliches Verhalten wurde auch bei anderen, gemeinschaftlich lebenden Tierarten beobachtet – seien es Vögel, Insekten oder Säugetiere.

Die Kooperation ist beachtlich höher, wenn es einzelne Raubtiere sind, die Unterstützung benötigen. Dies geschieht oft im Masai-Mara oder im Serengeti, wenn die Weibchen des Rudels mit dem Aufziehen der Jungen beschäftigt sind und gegenseitige Hilfe deshalb sehr wichtig ist. Die Mütter der kleinen Löwen nehmen oft an gemeinschaftlichen Treibjagden teil. Der Erfolgsanteil ist dabei von der Beute abhängig und kann sehr variieren: er senkt sich auf 14 Prozent bei Damalischi und steigt auf 38 Prozent, wenn es Zebras und Gnus sind. Aufgrund der hohen Position ihrer Augen sind die Warzenschweine sehr schwierig zu fangen: wenn sie mit zum Boden gesenkten Maul fressen, scheinen sie vollkommen in sich versunken zu sein; aber in Wirklichkeit beobachten sie alles, was um sie herum geschieht und suchen den Horizont nach dem kleinsten, verdächtigen Anzeichen ab. Bei dem ersten Warnsignal rennen sie Hals über Kopf weg und verstecken sich im hintersten Winkel einer Höhle. Einige Löwen graben stundenlang, um zu versuchen, das Schwein zu ergreifen. Die Rudel können sich auch auf einen besonderen Jagdtypus spezialisieren, mit welchem sie mehr Erfolg beim Ergreifen von Zebras oder Büffeln haben. Im Fall der Büffel bleiben die Löwen versteckt und setzen alles auf die Nachzügler, die sich am Ende der voranziehenden Herde befinden. Später versuchen sie, Panik zu verbreiten und die einzelnen Tiere zu isolieren. Die Treibjagden dauern sehr lange und erfordern große Beharrlichkeit, da sich oft die ganze Herde darum bemüht, das angefallene Tier zu verteidigen; manchmal werden viele Stunden benötigt, um einen Büffel zu erlegen. Einige Rudel widmen sich dem Fangen von Pavianen, die sie an den Tränken überfallen. Nur wenige Löwen sind dagegen in der Lage, einen Elefanten anzugreifen oder einer großen Weibchengruppe mit ihren Elefantenjungen entgegenzutreten, wie es in Botswana geschieht. Dabei handelt es sich um direkte Angriffe – ähnlich wie bei den Büffeln: Die überfallene Gruppe flieht in Panik und läuft auseinander. Dabei werden die Kleinen hinten zurückgelassen oder sogar überrannt, so dass sie eine leichte Beute für die Löwen bilden. In diesem Fall konzentrieren sich die Raubtiere darauf, die erwachsenen Elefanten auf Abstand zu halten. Könnte es sich dabei vielleicht um eine Taktik handeln, die von Generation zu Generation übertragen wurde?

Der erfolgreiche Ausgang einer Treibjagd hängt von verschiedenen Faktoren ab. Zuallererst ist die Richtung wichtig, die das Rudel einnimmt; sehr oft wird jene von den Löwinnen auf sehr sonderbare Weise gewählt, zum Beispiel, indem sie in die Gegenrichtung der grasenden Herden laufen. Zweitens ist die Windrichtung von äußerster Wichtigkeit, auch wenn die Groß-

190
Ein Männchen ist in der Lage, über 30 Kilogramm Fleisch in einer einzigen Mahlzeit zu verschlingen. Danach kann er für eine ganze Woche lang nüchtern bleiben.

191
Indem sie wie bei einer Art von Tauziehen in entgegengesetzte Richtungen zerren, wetteifern die zwei Männchen hartnäckig um die Beute, die sie zusammen getötet haben.

katzen sich nicht besonders darum zu kümmern scheinen. Es geschieht deshalb oft, dass der Angriff scheitert, gerade weil die Pflanzenfresser sofort den Geruch der sich herannähernden Löwinnen wahrnehmen. Was passiert schließlich, wenn die Raubkatzen nahe genug an die Beute herangekommen sind? Werden die Tiere fortgehen, ohne die Gefahr bemerkt zu haben, oder werden sie sich in Richtung der im Hinterhalt wartenden Raubkatzen nähern? Und wie wird die Herde reagieren, wenn die Löwinnen zum Angriff stürzen und die schwächsten bzw. am leichtesten zu fangenden Tiere entdeckt haben?
Letztendlich hat eine Treibjagd sicherlich erhöhte Erfolgschancen, wenn die Opfer Fehler begehen beziehungsweise ein Tier benachteiligt ist aufgrund seines Alters – also zu jung oder zu alt ist – oder weil es verletzt oder krank ist. Auch die Umweltfaktoren spielen eine wichtige Rolle: Im südlichen Afrika greifen die Löwen Giraffen und junge Elefanten in den Trockenperioden an, und fast nie während der Regenzeiten.

Die Raubjagd trägt zum Prozess der natürlichen Auslese mit bei, indem eine hohe Anzahl von Tieren, die Überbringer körperlicher Fehler sind oder Anpassungsschwierigkeiten haben, beseitigt werden. Die häufigsten Opfer sind unter sehr jungen sowie den ältesten Tieren zu finden, welche langsamer reagieren beziehungsweise längere Zeit brauchen, um zu fliehen. Doch es kann nicht behauptet werden, dass die Löwen immer die Schwächsten auswählen würden – tatsächlich verschmähen sie in keiner Weise Exemplare, die im Vollbesitz ihrer Kräfte sind. Es ist klar, dass ihr natürlicher Opportunismus sie dazu führt, grazile Lebewesen zu verfolgen. Was gibt es Leichteres, als das Junge einer Thomson-Gazelle zu schnappen oder ein Impala anzugreifen, das inmitten der Savanne von seiner Mutter verlassen wurde? Die Weibchen dieser Tierarten können die neu geworfenen Jungen noch nicht in den Schutz ihrer Herde bringen. Deshalb schlucken sie die Plazenta an der Geburtsstelle hinunter, säubern das Kleine und verrücken es um einige Meter, um die verdächtigen Gerüche vom Boden verschwinden zu lassen. Dann kehren sie regelmäßig zu dem Jungen zurück, um es zu säugen.
Oft ergreifen die Löwen ihre Beute am Maul, bis diese an dem berühmten „Todeskuss" ersticken. Ein Tier, das auf diese Weise oder durch den Kehlbiss von einem Löwen angefallen wurde, stirbt nach wenigen Minuten infolge von Erwürgung, Erstickung und Blutung. Handelt es sich um kleinere Tiere, so tritt der Tod schneller ein: ein Genickbiss ist dabei ausreichend. Der Pflanzenfresser ist dagegen noch nicht tot, wenn die Löwinnen ihre Stoßzähne in seinen Bauch versenken. Es scheint, dass bei den angefallenen Tieren ein psychischer Mechanismus ausgelöst wird, der sie in einen komatösen Zustand fallen lässt. Das würde erklären, warum auch die unverletzt gebliebenen Lebewesen nicht versuchen, sich von dem Griff des Raubtieres zu befreien. Ein Zoologe, der versucht hatte, von einer niedergeworfenen Beute ein Stück Fleisch zu entfernen, sah zu seinem Erstaunen, dass das nur scheinbar tote Gnu sich wieder aufrichtete und vor den versteckten Wildkatzen floh.
Die Löwen beginnen als erstes, das Maul ihres Opfers zu fressen, später ziehen sie – vom Darm beginnend – die Eingeweide heraus. Manchmal wird der Magen einige Meter von der Raubstelle entfernt, woraufhin ein Löwe der Gruppe am Boden scharrt und die Stelle mit Gras, Holzstücken und Staub bedeckt. Selten „spielen" die Löwen mit ihren Opfern, wie es die Katzen mit den Mäusen tun. Dennoch ist es vorgekommen, dass sie manchmal beim Spielen mit den Kleinen der Gnus oder Warzenschweine gesehen wurden.
Eine hungrige Löwin ist in der Lage, in einigen Stunden und in einer einzigen „Mahlzeit" 30 Kilogramm Fleisch zu verschlingen – eine Portion, die normalerweise für vier oder fünf Tage ausreichen würde. Ein Männchen kann 45 Kilogramm davon hinunterschlucken, was 20 Prozent seines totalen Gewichts entspricht: im Vergleich würde das einem Mann mittlerer Statur entsprechen, der hintereinander 45 große Steaks verschlingt.
Es ist nicht schwierig, einen Löwen zu erkennen, der gerade eine üppige Mahlzeit beendet hat: Sein Bauch ist stark angeschwollen und gedehnt. Die Wildkatzen fressen jedoch nicht täglich: es wurde errechnet, dass ein ausgewachsener Löwe etwa zwanzig große Tiere jährlich tötet.
Wenn Löwen fressen, gibt es für Höflichkeiten keinen Platz, im Gegenteil: Oft entfesseln sich kleine oder größere Streitereien zwi-

192
Eine Maus beobachtet ruhig die Löwinnen, die sich nähern. Das Tier ist sich vollkommen der Tatsache bewusst, dass die Großkatzen in freier Wildbahn nicht in der Lage sind, es zu ergreifen.

193
Eine Löwin schleppt das Tiergerippe eines Zebras in die Nähe der Löwenjungen, die während der gesamten Jagd versteckt blieben.

194–195
Die Tierjungen sind in guter Form: sie können sich nach Belieben sättigen, da die Gnus in dieser Periode reichlich auf dem Territorium vorhanden sind.

schen Tieren, die nur wenige Augenblicke zuvor ein Herz und eine Seele waren. Die Rivalität wird sicherlich eher entfacht, wenn die Tiere sehr hungrig sind oder sich eine kleine Beute teilen müssen. Im umgekehrten Fall, d. h. wenn die Löwen gut genährt sind und es sich bei der Beute um ein großes Huftier handelt, gelingt es allen Mitgliedern des Rudels, sich zu sättigen – trotz des warnenden Geknurrs und der Prankenhiebe. Alles löst sich mit großem Lärm und mit manch einem angeknabberten Ohr auf; doch niemand wird schwer verletzt, und am Ende haben schließlich alle einen vollen Bauch. Wer den ersten Bissen erobert, erwirbt sich damit gleichzeitig Priorität über die anderen Tiere. Wenn ein Löwe sein Fleischstück bereits beendet hat und sich einem Gefährten nähert, der noch beim Fressen ist, wird er von diesem angeknurrt und manchmal sogar angegriffen. Haben zwei Löwen gemeinsam eine kleine Beute geschlagen – zum Beispiel eine Gazelle –, folgt öfters eine Rauferei, bei der entschieden wird, wem das Opfer zufällt; gewöhnlich endet der Streit, wenn es den von beiden Seiten zerrenden Großkatzen gelingt, die Tierleiche in zwei oder mehrere Stücke zu teilen. In anderen Fällen kann sich der Kampf um die Beute über ziemlich lange Zeit hin erstrecken, da die zwei Rivalen versuchen, sich mit den Pranken auf das Tiergerippe zu stürzen oder sich gar mit dem ganzen Körper darauf zu legen.

Im Allgemeinen gewinnen die größeren Löwen die Oberhand über die kleineren. Die Männchen setzen sich gegenüber den Weibchen durch, welche natürlich, sobald sie die Beute getötet haben, versuchen, soviel Fleisch wie möglich zu verschlingen, bevor die anmaßenden Herren heranrücken. Letztere verhalten sich nicht gerade wie Kavaliere: mit zur Schau gestellten Stoßzähnen und hervorgekehrten Krallen beginnen sie zu knurren, teilen Prankenhiebe aus und vertreiben die Löwinnen, um sich in aller Ruhe über das Bankett herzumachen. Die Weibchen ziehen sich zurück – mit flach angelegten Ohren und gekräuselten Lefzen, die das zu fürchtende Gebiss erahnen lassen, verlassen die Löwinnen ihre Beute. Es kann auch vorkommen, dass es verbündeten Weibchen gelingt, einem Männchen ein Tiergerippe zu entreißen, welches es seinerseits einem Weibchen gestohlen hatte.

Die Löwinnen setzen sich den Löwenjungen gegenüber durch. Innerhalb eines Rudels sind also die Männchen (falls vorhanden) die ersten, die zum Fressen kommen, gefolgt von den Weibchen und zuletzt von den Jungen – angefangen mit den größten unter ihnen. Die jungen Löwen sind stets benachteiligt; nicht nur, weil sie erst nach den Löwinnen die Beute erreichen können, sondern weil sie auch schwächer sind als die Erwachsenen, welche sich soviel Fleisch, wie es nur geht, aneignen. Die Weibchen berauben die Kleinen, so wie sie selber von den Männchen beraubt wurden. Hier gilt wirklich das Gesetz des Stärkeren! Die Raufereien während der Bankette sind jedoch nie wirklich gewalttätig, außer unter besonders schwierigen Umständen. In Perioden, die einen Überfluss an Beute bieten, lassen die Männchen manchmal die Löwenjungen fressen – die Weibchen werden dabei immer ausgeschlossen. Nur wenn die Beute sehr groß ist, haben die Streitereien eine geringere Bedeutung, und die Kleinen kommen in dem Fall erst nach den Erwachsenen zum Fressen. In den Gebieten, in denen die Löwen verteilt sind, kommt es selten vor, dass besonders schwierige Bedingungen auftreten.

Ein Nomadenlöwe wird oft dazu einwilligen, die Beute mit einem anderen Vagabund zu teilen. Im Gegensatz dazu würde kein Mitglied eines Rudels einem Nomaden oder einem Mitglied eines fremden Rudels erlauben, die Mahlzeit mit ihm zu teilen.

Während der Streifzüge durch ihr Territorium stillen alle Löwen, die wir beobachtet haben, mindestens einmal am Tag ihren Durst. Die Regenzeiten bringen reichlich Wasser in die Bäche, in die Pfützen und die Gesteinsritzen; in den Dürreperioden beginnt es dagegen an dem kostbaren Nass zu mangeln, auch wenn es möglich ist, in den Sumpfgebieten, im Flussbett der größeren Wasserläufe und in den Quellen noch ein wenig davon zu finden. In einigen Regionen kann es vorkommen, dass die Löwen sich tagelang fortbewegen müssen, ohne zu trinken; aber im Ökosystem Serengeti/Masai Mara fehlt es niemals an Wasser. Die Löwen schlappern wie die Hauskatzen, wobei sie eine ziemlich langwierige Methode anwenden. Obwohl sie gute Schwimmer sind, nehmen sie während des Trinkens kein Bad.

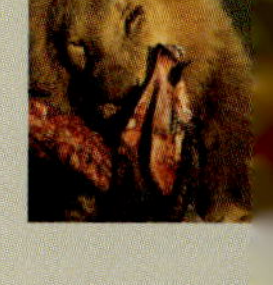

DIE BEZIEHUNGEN ZU ANDEREN RAUBTIEREN

Als wir 1989 damit begannen Masai-Mara regelmäßig zu besuchen, gab es viel mehr Hyänen als heutzutage. Die erste Szene, die uns beindruckte, war der Wettstreit zwischen Hyänen und Löwen. Sobald wir in der Region des Leopard Gorge eintrafen, wurden wir von dem Schreien zahlreicher Hyänen angezogen. Wir machte uns auf den Weg zu der Stelle, aus der die Rufe gekommen waren, und fanden sechs oder sieben Löwen vor, die um einen gerade erlegten Büffel herum schmausten; etwa fünfzehn Hyänen drängten sich kreisförmig um die Wildkatzen. Eine Büffelherde beobachtete die Szene von Weitem. Wir dachten, dass die Löwen den Büffel getötet haben, und dass die Hyänen – in Aussicht auf ein Bankett – sich deswegen dort versammelten. Sie versuchten mit schrecklichem Lärm vor unseren Augen einen Angriff zu starten, aber die Löwinnen reagierten gewalttätig und drängten sie zurück. Eine der Hyänen entfernte sich winselnd, eine andere blutete an der Rückseite des Körpers und eine dritte hinkte auffallend. Sie versuchten noch öfters, sich des Büffels zu bemächtigen – jedoch ohne Erfolg. Währenddessen warteten die Geier ringsherum auf den Bäumen aufgereiht. Bei unserer Ankunft hatten wir die Anwesenheit eines anderen Kraftfahrzeuges nicht bemerkt; nach ungefähr einer Stunde näherten wir uns ihm. Die Version, die uns der Fahrer erzählte, war um einiges anders, als die Wirklichkeit vor unseren Augen vermuten ließ. Der Mann hatte abseits der Herde einen gewalttätigen Kampf zwischen zwei Büffeln beobachtet; nach kurzer Zeit waren die Hörner der beiden Tiere so ineinander verstrickt, dass es ihnen nicht mehr gelang, sich voneinander zu befreien. In der Zwischenzeit waren einige Hyänen herangekommen, die sich auf Nahrungssuche befanden. Sie begriffen sofort die Lage und stürzten sich auf die beiden Grasfresser, denen es unmöglich war, sich zu verteidigen. Der Rest der Herde war ihnen zu Hilfe herbeigeeilt, konnte aber nicht verhindern, dass eines der beiden Tiere am Boden verendete. Mit einem verzweifelten Zucken war es dem zweiten Büffel gelungen, sich zu befreien und zu fliehen; aber für den anderen war es bereits zu spät: Zwei Hyänen hatten ihn ausgenommen, noch bevor er gestorben war. Die anderen stürzten sofort herbei, um ihren Anteil zu fordern. Durch die Lockrufe wurde jedoch ein Löwenrudel geweckt, das in der Nähe schlief. Die Löwinnen waren stärker als die Hyänen, und es gelang ihnen – mit Hilfe eines Männchens –, sich der Beute zu bemächtigen. Wir waren gerade in diesem Moment angekommen und hatten den Vorfall falsch interpretiert; die Hyänen waren gar nicht die Diebe, die wir anfangs verdächtigt hatten!

Szenen wie diese kommen relativ häufig vor und begründen, warum die gefleckte Hyäne lange Zeit mit dem Bild eines Aasfressers assoziiert wurde, welcher wartet, bis er nach den großen Raubtieren an die Reihe kommt, um von der Beute zu fressen. Die Studien von Hans Kruuk haben diese Vorstellung geändert: Der Forscher hat deutlich bewiesen, dass die Hyäne in einigen Regionen im Wesentlichen ein Raubtier ist. Einige Rudel töten selber fast 90 Prozent der Säugetiere, die ihre Nahrung begründen. Die Hyänen jagen stumm, oft in der Nacht, und sind schnell und unermüdlich. Oft tauchen die Löwen gerade auf, wenn die Hyänen ihr Bankett beginnen; sie hören deren Schreie sowie das ungestüme Gelächter und stürzen herbei, um sie von dem Bankett zu vertreiben. Sobald einige Forscher das Schreien der Hyänen, das sie während des Fressens oder der Tötung einer Beute aufgenommen hatten, einer Löwengruppe vorspielten, ging diese in die Richtung, aus der die Klänge kamen. Die Hyänen müssen warten, bis die Raubkatzen satt sind; da das Bankett oft nachts stattfindet, kann jemand, der die Hyänen morgens über dem Tiergerippe vorfindet, sich nur denken, dass es sich um Aasfresser handelt.

196
Nach dem schweren Rückgang der Hyänenpopulation des Masai-Mara der vorhergehenden Jahre scheint ihre Anzahl in letzter Zeit gestiegen zu sein.

197
Es gibt keinen Waffenstillstand zwischen Löwen und Hyänen. Wenn sich die letzteren in zahlenmäßiger Unterlegenheit befinden, ergreifen sie sofort die Flucht.

Es ist jedoch auch möglich, dass das Gegenteil dieser Situation eintritt. Ein Löwe, der alleine jagt, kann mit Leichtigkeit von einer Gruppe Hyänen seiner Beute beraubt werden. Die Gruppenorganisation dieser Tiere ermöglicht es ihnen – falls das Kraftverhältnis vorteilhaft für sie ist –, die eigene Beute zu schützen beziehungsweise die der anderen Tiere zu rauben.
Der Antagonismus zwischen Hyänen und Löwen kann unterschiedlich stark sein und ist abhängig von dem Ort sowie vor allem von der Bevölkerungsdichte der Hyänen. In einigen Regionen des Botswana sind die Wettstreite dramatisch. Zwei Filmregisseure des National Geographic, Derek und Beverly Joubert, behaupteten, dass „nur eine tote Hyäne dazu einstimmen würde, ihren Schlupfwinkel mit einem Löwen zu teilen". Die Dokumentarfilmer erzählten von sehr gewalttätigen Kämpfen, die sie zwischen den beiden Parteien beobachtet hatten. Analog dazu berichtete ein Botschafter der AFP aus Äthiopien, dass im Dezember 1999 einige Hyänen nach den wilden Kämpfen mit einem Löwenrudel überlebt hatten und danach in den östlichen Regionen des Landes eine Frau mit ihrem Sohn verschlungen hätten. Die Kämpfe dauerten ungefähr einen halben Tag lang und endeten mit dem Tod von 30 Hyänen und zwei Löwen. In der Wüste Gobel, ebenfalls im östlichen Äthiopien, fanden Anfang April desselben Jahres ähnliche Kämpfe statt, die den Tod von sechs Löwen und 35 Hyänen forderten. Die Einwohner berichteten diesbezüglich von „wilder Gewalt" und einem „schauderhaften Blutbad". Sie hatten einem Kampf von einem Löwen gegen sechs Hyänen beigewohnt; sobald die Wildkatze aus dem Gefecht ausgeschieden war, nahm eine andere ihren Platz ein. In beiden Vorfällen war das Gebiet jedenfalls unter der Kontrolle der Löwen geblieben. Was ist das Motiv dieser Kämpfe? Territoriale Konflikte, Rache, die Folge einer langen Trockenperiode, oder vielleicht die Summe all dieser möglichen Ursachen? Die beiden Tierarten sind sich seit jeher feindlich gesinnt, auch infolge ihrer parallen Evolutionsgeschichte. Gemäß einiger Hypothesen waren die Hyänen in der Epoche, in der die Dinobastis latidens – bzw. die Wildkatzen mit den „Säbelzähnen" – lebten, riesige und gesellige Tiere. Die zwei Arten hatten grundverschiedene Rollen inne. Damals waren die Großkatzen hervorragende Jäger und töteten ihre ebenfalls riesigen Beuten dank der wunderbaren Stoßzähne. Diese zweifellos tödlichen Waffen waren jedoch sehr sperrig, und manchmal machten sie das Entfleischen der Tierleichen schwierig, weil sie sich in die Knochen und Fleischstücke einklemmten. Die prähistorischen Löwen ließen deshalb riesige Futtermengen – vielleicht sogar über 50 Prozent – an dem Tiergerippe zurück. Den Hyänen blieb daraufhin nichts anderes zu tun, als den Kadaver von den Resten zu säubern. Später nahm die Entwicklung ihren Lauf. Es überlebten nur die mit kleineren Stoßzähnen ausgestatteten Urlöwen, wahrscheinlich weil diese Zähne letztendlich wirksamer waren. Parallel dazu starben die größten Ahnen der Hyänen aus. Den Löwen gelang es nun besser, ihre Tierbeuten zu entfleischen, doch gleichzeitig reduzierten sie auf diese Weise beträchtlich die Reste für die Gegner. Die Hyänen begannen daraufhin, den Löwen die toten Lebewesen streitig zu machen; dies war der Anfang des jahrtausendelangem Wettkampfs um das Jagdgebiet. Um sich den Löwen gegenüberstellen zu können, bildeten die Hyänen größere Gruppen. Von diesem Zeitpunkt an hörten die beiden Arten nie mehr damit auf, miteinander um dieselbe Beute oder dieselben Aase zu kämpfen. Eines sollte jedoch abschließend klargestellt werden: die Löwen töten zwar Hyänen, aber sie ernähren sich nicht von ihnen.

Die Beziehungen zu anderen Raubkatzen

Vor einigen Monate trafen wir eines Morgens entlang des Flusses die beiden Löwenmännchen des Rudels von Bila Shaka Galle wieder, die zusammengekauert unter zwei Bäumen lagen. Die Weibchen befanden sich mit den damals noch kleinen Löwenjungen wenige Meter von ihnen entfernt. Durch die Anwesenheit eines jungen Leoparden, der in einer der Baumspitzen in eine Falle geraten war, gewann die Szene einen komischen Ausdruck. Das Tier wagte es nicht, hinunterzuklettern. Sobald der Leopard versuchte, sich zu bewegen, wandten sich die zwei Löwen in seine Richtung und fletschten die Zähne. Am Vorabend sind die Erwachsenen auf Jagd gegangen und haben die Löwenjungen in einem Graben versteckt zurückgelassen. Der Leopard wurde zweifellos von der Stille der Kleinen getäuscht, denn er hatte ihre Anwesenheit nicht bemerkt. Als er gegen Ende der Nacht die Großkatzen zurückkehren hörte, hatte er sich daher auf den Baum flüchten müssen. Die Löwen hatten nicht die geringste Absicht wegzuziehen: für die Herrscher des Territoriums war das eine Frage des Prinzips! Drei Tage lang setzten sie die Belagerung um das unglückliche Tier fort. Nachts gingen sie abwechselnd jagen, so dass immer jemand als Wache zurückbleiben konnte. Der Leopard war hungrig und beklagte sich. Wir benachrichtigten die Ranger, die sofort beschlossen einzugreifen, da die Lage keinen Ausweg bot. Mit Hilfe ihrer Fahrzeuge gelang es ihnen, dass die Löwen sich einige Meter von dem Baum zurückzogen. Die Ranger konnten sich somit zwischen ihnen und dem Leoparden positionieren: das Tier, das nur auf diesen Moment gewartet hatte, verließ im Nu seine Zuflucht und verschwand in den Büschen. Seine mangelnde Erfahrung war sicherlich die Ursache einer solchen eher selten zu beobachtenden Situation.

Die Löwen (wie auch die Hyänen) nähren sich zum Teil von den Beuten, die sie kleineren Raubtieren – wie z. B. Leoparden und Geparden – gestohlen haben.
Geparden leben vor allem in den grenzenlosen, weiten Ebenen und ernähren sich hauptsächlich von Gazellen oder Kleintieren, die die Löwen im Allgemeinen nicht interessieren. Da die Geparden tagsüber jagen, können sie jegliche Zusammenstöße mit den Löwen oder mit den Leoparden vermeiden; sie müssen jedoch sehr schnell fressen und ständig in Alarmbereitschaft sein, weil die Löwen, Pavianmännchen oder die Hyänen systematisch versuchen, ihnen die Nahrung zu rauben. Die Leoparden bevorzugen dagegen unebene Zonen, wo es einfacher ist sich zu verstecken; ihre Ernährungsweise ist sehr vielfältig und tritt kaum mit der Nahrung der Löwen in Konkurrenz. Um die eigene Beute vor den Löwen und Hyänen zu verteidigen, müssen sie diese aber auf einen Baum schleppen, so dass sie sicher vor den Feinden ist. Obwohl jede dieser Tierarten ihre eigenen Vorlieben bezüglich der Beute und des Habitats hat, ertragen Löwen nicht die Präsenz anderer Wildkatzen. Bei ihrem Wettstreit beschränken sie sich nicht nur auf die Räuberei, bei der sie ihre Feinde vertreiben; falls sie in der Lage sind, töten sie auch Geparden oder ausgewachsene Leoparden. Was die Kleinen dieser zwei Arten betrifft, so werden sie von den Löwen – wie auch übrigens von den Hyänen – getötet, falls diese sie schutzlos vorfinden; die Jäger fressen sie jedoch selten auf, sondern beschränken sich darauf, die Körper zu zerfleischen und liegenzulassen. Geparde und Leoparde können ihrerseits auch die verlassenen, kleinen Löwenjungen töten.

199
Aberlour hat ein Gepardenweibchen in einen Hinterhalt gelockt. Das überraschte Tier muss schnellstens fliehen. Löwen töten zwar die Geparden – vor allem deren Jungen –, aber sie ernähren sich nicht von ihnen.

200–201
Ein Löwe konzentriert sich in aller Ruhe auf seine Mahlzeit. Der König der Tiere hat sich vor nichts zu fürchten und kann sich daher Zeit lassen.

202 und 203
Diese Löwin hat sich zurückgezogen, da sie bald Junge werfen wird. Natürlich ist sie opportunistisch und bevorzugt es, das Kleine einer Antilope zu fangen – eine kleine Beute wird sie nicht mit den Gefährtinnen teilen müssen!

204
Viele Löwinnen haben an der Treibjagd teilgenommen, aber nur Aberlour hat sich wirklich angestrengt. Die anderen beschränken sich auf das Zusehen, auch wenn sie später ihren Teil der Beute fordern – ein generell sehr häufig zu beobachtendes Verhalten!

205
Ein Topi wird von Aberlour erstickt. Es ist die am häufigsten angewendete Methode, ein Tier zu erlegen.

206
Die Löwinnen können eine Höchstgeschwindigkeit von 60 Stundenkilometern erreichen. Doch sie sind immer noch langsamer als die Mehrheit ihrer Beuten.

207 oben
Vom ersten Morgenlicht an wartet diese Löwin von Ngorongoro im Hinterhalt am Flussufer auf die Zebras, die zwischen zehn und elf Uhr kommen werden, um ihren Durst zu stillen.

207 unten
Am Ende einer Verfolgung gleicht die Löwin ihre Laufbewegungen an die des Opfers an.

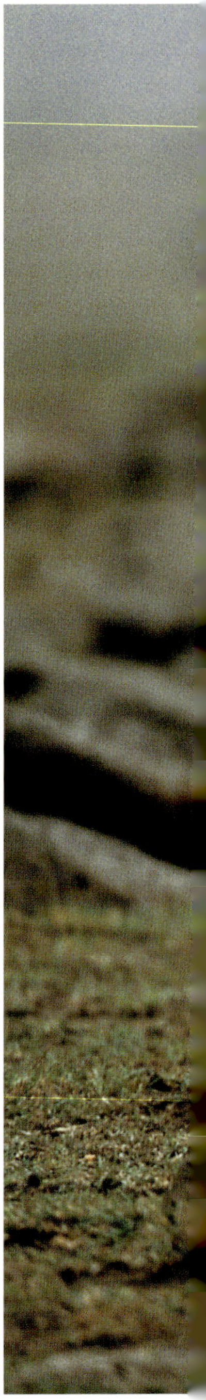

208 oben
Anieska ist in Angriffsposition – sie hat eine junge Gazelle hinter einem Termitenbau entdeckt.

208 unten und 209
Nach dem Werfen verschlingen die Gazellen die eigene Plazenta und lassen das Kleine im hohen Gras zurück. Über drei Wochen lang besuchen sie das Junge mehrmals täglich, um es zu säugen. Anieska bereitet es also keine Schwierigkeiten, dieses wehrlose Antilopenjunge zu fangen.

210 und 211
Die Löwenrudel von Mara jagen selten Elefanten; das Zusammenleben zwischen den beiden Arten ist im Allgemeinen friedlich. Ab und zu kann es jedoch vorkommen, dass ein junger Elefant oder ein Erwachsener aus Spaß heraus die Wildkatzen angreift.

212
Das hier fotografierte Männchen wird viele Stunden mit dem Versuch verbringen, ein Warzenschwein aus seinem Versteck herauszulocken.

213
Ein Löwe hat innerhalb der Herde einen jungen, kranken Büffel entdeckt. Die Mutter wird ihr Kleines stundenlang verteidigen, bevor sie es endgültig an die Wildkatze verlieren wird.

214
Dieses Impalamännchen hat seinen Harem bis zuletzt verteidigt und wurde zum Opfer seines Pflichtgefühls.

215
Die beiden Männchen des Rudels teilen sich ohne viele Umstände das Mittagessen, das sie ihren Weibchen „gestohlen“ haben.

216
Während sie fressen, lecken die Löwen oft die Haut des getöteten Lebewesens.

217
Die Löwen haben keine Bedenken dabei, ihren Kopf in das Gerippe des Opfers zu versenken. Nach der Mahlzeit werden sie sich einer sorgfältigen Reinigung widmen müssen!

218–219
Dieses junge Männchen hat gerade das Alter erreicht, in dem es das Rudel verlassen muss. Von dem Moment an wird es in der Lage sein müssen, alleine zu überleben.

F O T O N A C H W E I S

Alle Fotografien dieses Bandes sind von Christine und Michel Denis-Huot, außer den folgenden: *12–13* Lessing/Contrasto; *14* oben Archivio White Star; *14* unten G. Dagli Orti, Paris; *15* University of Pennsylvania Museum, Philadelphia; *16* oben Araldo De Luca/Archivio White Star; *16* Mitte Araldo De Luca/Archivio White Star; *16* unten links Araldo De Luca/Archivio White Star; *16–17* Araldo De Luca/Archivio White Star; *17* oben rechts Araldo De Luca/Archivio White Star; *18* Archiv Scala; *19* oben Archiv Scala; *19* unten links Archiv Scala; *20* Victoria & Albert Museum; *21* Corbis/Grazia Neri; *22* Lessing/Contrasto; *23* oben Archiv Scala/Art Resource; *23* unten Double's/ICP; *24* oben links Archiv Scala; *24* Mitte Marcello Bertinetti/Archivio White Star; *24* oben rechts Giulio Veggi/Archivio White Star; *24–25* Archiv Scala; *25* links Borchi/Archivio White Star; *25* rechts Marcello Bertinetti/Archivio White Star; *26–27* Giorgio Oddi/Il Dagherrotipo; *27* oben Lucio Bracco/Il Dagherrotipo;*27* unten Giovanni Rinaldi/Il Dagherrotipo; *28* oben links Fototeca Storica Nationale; *28* unten Roger Viollet/Contrasto; *29* oben Roger Viollet/Contrasto; *29* unten G. Dagli Orti, Paris; *30–31* The Art Archive; *32–33* Hulton Archive/Laura Ronchi; *33* oben links Mary Evans Picture Library; *33* oben rechts Agence photographique de la Réunion Musées Nationaux; *33* unten Topham/Double's/ICP; *34* oben links Photos12; *34* oben rechts Photos12; *34–35* Roger Viollet/Contrasto; *35* oben Roger Viollet/Contrasto

Die Autoren möchten sich bei allen Freunden des Masai-Mara für die Informationen und die angebotene Hilfe bedanken.

Die in diesem Buch abgebildeten Fotografien wurden mit *Canon EOS 3* und *EOS 1 V* Kameras aufgenommen. Verwendete Objektive waren: *Canon 600 F 4, 500 F 4 IS, 300 F 28 IS* und *Zoom 20-35, 28-70* und *70-200.* Die verwendeten Filme sind *Fujichrome Provia* und *Sensia.*

Titelbild

Im Alter von sieben bis acht Jahren hat das Männchen den Höhepunkt seiner Kräfte erreicht und bleibt – wenn nichts dazwischen kommt – noch für einige Jahre an der Spitze des Rudels.

Umschlagrückseite

Aberlour transportiert ihre Kleinen: der Reihe nach ergreift sie die Jungen mit dem Maul und hilft mit der Pranke nach.